Hans Buring

Inselschönheiten

300 Limericks

BoD Verlag

Mein Dank gilt meiner Tochter Carmen für ihre Korrekturen und Korrekturvorschläge.

Das Titelblatt zeigt einen irischen Dudelsack: Uilleann Pipes. Hier wird anders als beim schottischen Dudelsack der Blasebalg nicht mit dem Mund, sondern mit dem Ellbogen aufgeblasen. Er ist in der Welt der Musikinstrumente ein typisch irisches Produkt und gleicht insofern dem Limerick in der Welt der Lyrik.

Michael Weyhe hat den Dudelsack freundlicherweise als Fotoobjekt für das Titelbild zur Verfügung gestellt.

Impressum

Titelfoto und Umschlaggestaltung:
Martin Klindtworth, Leipzig
Autorenfoto: Anne Felderhoff, Essen

© 2018
Herstellung und Verlag: BoD – Books on Demand, Norderstedt.
ISBN: 9783746044149

Inhaltsverzeichnis

Seite

Über dieses Buch

Warum Limericks?

Über 40 Jahre habe ich mit Schülerinnen und Schülern der Oberstufe Kabarett gemacht. Ich hatte mit den „Kettwichten" vom Theodor-Heuss-Gymnasium in Essen-Kettwig mehr als 700 Auftritte in ganz Europa[1]. Allein zehnmal traten wir mit verschiedenen Programmen im Mekka des deutschen Kabaretts, im „unterhaus" in Mainz auf. Damals schrieb die Mainzer Rheinzeitung (15. 11. 95): „Heraus kommt, was alljährlich im unterhaus zu besichtigen ist, was Kabarett sein sollte: vergnüglich, peppig, bissig und produktiv."
Wie unsere großen Vorbilder standen wir in oppositioneller Mission auf der Bühne, die Musik benutzten wir – wie Brecht – als gefühlweckenden Ansatz, der Humor war böse oder diente zur kurzzeitigen Lockerung, damit unser Publikum durchhielt.
Dann wurde ich pensioniert, verlor auch meine aktiven Kabarettisten und das Publikum. Ich schrieb für meine sich noch im Schuldienst befindende Frau (weitere) Kindermusicals, dann eigene Romane und Jugendromane und eine Anthologie voller Satiren.

---

[1] Hans Buring, Die Kettwichte, Essen (Klartext) 1999

6

Eines Tages begegnete mir, dem ständig Sinnsuchenden, das scheinbar Sinnlose: der Limerick. Einer der ersten und bedeutendsten Limerick-Dichter, Edward Lear, nannte seine Sammlung von 107 Limericks „A Book of Nonsense" (London 1843). Das Buch ist vollständig ins Deutsche übersetzt von Hans Magnus Enzensberger.

Je mehr ich mich mit dem Limerick befasste, umso mehr erkannte ich eine neue Dimension des Schreibens: Der Limerick wollte nicht – wie ich bis dahin – eine Botschaft an den Mann/die Frau bringen, er ließ an mehr oder weniger zufälligen Reiz- und Reimwörtern entzündet, die Sprache selbst erzählen.

Und in der Tat: Wie oft muss ich selbst darüber lachen, was mir der Limerick mit seiner Reimform angeboten hatte. Hinzu kam, dass ich als Pensionär nicht mehr an die moralischen Ansprüche der Schule gebunden war. Das galt vor allem für die Themen. Der Reim drängte mir geradezu, Themen auf, die anstößig waren. Das bestätigen alle Autoren, die sich dem Limerick verschrieben haben. Vielleicht aber verstecken wir Feiglinge uns auch hinter dem Reimzwang. Und kein Satiriker verzichtet auf eine gute Pointe. Machen Sie den Test mit den neuseeländischen Inseln „Cavalli". Suchen Sie zu dem Reim „-alli" zwei weitere Reime. Meine Lösung finden Sie im Limerick Nr. 260.

Die Limerickpuristen werden aufheulen über meinen sträflichen Umgang mit dem Versmaß. Ich bin abgerückt vom anapästischen Versmaß in allen Zeilen, auch von dem festgelegten Kontrast zwischen zwei- und dreihebigen Zeilen.

Im Englischen, der Ursprungssprache des Limericks, sind solche Abweichungen reimtechnischer und rhythmischer Art gang und gäbe. Aber die Briten sind auch nicht so TÜV genormt.

Schließlich wollte ich auch nicht - bei immerhin 300 Limericks - einer rhythmischen Gleichtönigkeit verfallen und so habe ich vor allem das Tempo zur Aufmerksamkeitssteigerung bewusst variiert.

Warum Inseln?

Ortsnamen haben im Limerick – wie gesagt – keine semantische Funktion. Das gilt auch für die Namen der Inseln, auch sie dienen nur dem Reimklang. Die Welt besteht nur aus Inseln, selbst die Kontinente sind nur große Inseln. So steht dem Autor, der über Inseln schreibt, ein nahezu unendlicher Fundus zur Verfügung. Halbinseln sind per definitionem auch Inseln, häufig waren sie zuvor reine Inseln und sind mit dem Festland verbunden worden.

Nun erklärt das allein noch nicht, warum ich mich für die Namen von Inseln als Reizoder Reimwort entschieden habe.

Ich bin – so würde ein Satiriker sagen – inselgeschädigt. Aufgewachsen bin ich in einem Mehrfamilienhaus dicht am Rande der Ruhraue in Essen. Das führte dazu, dass ich im Mai 1943 erlebte, wie unser Haus zu einer Rettungsinsel in der Möhneflut wurde. Die Royal Air Force hatte die Talsperre bombardiert und wir uns in den zweiten Stock geflüchtet. Ein entsetzliches Katastrophenerlebnis, erst recht für einen Fünfjährigen.

Später waren die alljährlichen Hochwasser der Ruhr ein sehnlichst erwartetes Spiel- und Abenteuerangebot. Wir bauten ein Floß und schipperten damit zu den höhergelegenen Ruhrwiesen-Flecken und nahmen diese „Inseln" in Besitz, gaben ihnen Namen und hissten selbstgemachte Flaggen (vgl. auch meinen Jugendroman![2]).

Neben diesen nur sporadischen (siehe Nr. 115) Inseln gab es aber auch eine, die uns ganzjährig begeisterte. In die Ruhr hatte man für die „Rote Mühle" ein Wehr gebaut und notwendigerweise dann nebenan eine Schleuse für die Ruhrschifffahrt. Die Schleusentore waren zu unsrer Zeit – wie die gesamte Schifffahrt – schon verschwunden, aber die Schleuseninsel war für alle, die das Schwimmen lernen wollten (und das waren alle Kinder an der Ruhraue!) ein

---

[2] Hans Buring, Die Lotterköppe, edition nove, 2007 Neckenmarkt (A)

9

Traumziel. Wer die 4 – 5 Schwimmzüge über das tiefe Wasser der alten Fahrrinne geschafft hatte, konnte schwimmen.

Mein erster Schulausflug auf dem Gymnasium ging in die Jugendherberge Duhnen bei Cuxhaven. Sehnsüchtig blickten wir von dort auf eine Insel hinüber: Neuwerk. Der Klassenlehrer gab unserem Drängen nach und wir machten dorthin eine Stippvisite. Das Reizklima des Wattenmeeres hatte mich wohl so gereizt, dass ich eine Feldbahnlore – unbemerkt von der Aufsicht – auf dem Deich so weit geschoben hatte, dass sie am Deichhang Fahrt aufnahm, die ich auch mit Hilfe zweier Kameraden nicht mehr stoppen konnte. Die Lore durchbrach krachend das Holztor zu ihrer Garage.

Dass der empörte Klassenlehrer mich nicht umgehend mit der Bahn nach Hause schicken konnte, lag daran, dass meine minderbemittelten Eltern die Fahrkarte nicht hätten bezahlen können. Aus diesen frühen Tagen stammt wohl auch meine Begeisterung für besonders kleine Inseln, die sich in dieser Limerick-Sammlung natürlich niederschlägt (vgl. die Halligen-Seiten, Limericks 77 – 82 und die Scharhörn-Seiten, 232 – 236).

Mein Inseltick hörte auch nicht auf, als ich als junger Vater die ersten längeren Reisen mit den Kindern plante. Sechzehn Jahre hintereinander fuhren wir in den Sommerferien auf eine (andere) griechische Insel. Meine Familie und ich kennen die grie-

10

chischen Inseln besser als die meisten Griechen selbst.

Wir haben auf dem Deck rostiger Fähren ganze Tage verbracht und häufig in der Nacht kleine und kleinste Inseln angefahren mit wunderbaren Erlebnissen. Vielleicht das schönste: Eine griechische Mutter kam mit ihrem Neugeborenen offenbar aus einer Klinik auf dem Festland zurück. Ein verölter Mann stieg aus dem Maschinenraum, nahm der Mutter das Kind aus ihrem Arm und warf es von der Reling in die ausgestreckten Arme des Ruderers, der sein kleines Boot notdürftig an der großen Fähre befestigt hatte. Dann stieg die Mutter auf der Strickleiter hinterher.

Außerdem habe ich Geografie studiert und die vielen unterschiedlichen Entstehungsformen von Inseln haben mich fasziniert: Hallig – Nehrung – Felsinsel – Schäre – Vulkaninsel – Atoll – Flussinsel – Binnenseeinsel – Bohrinsel u.a.m.

Und bald war klar, dass ich die in den Limericks auftauchenden Inseln ordnen und lokalisieren wollte, denn keine der Inseln ist ein Hirngespinst, also von mir erfunden (was für Limerickdichter nicht ungewöhnlich wäre).

Warum Frauen?

Frauen und Inseln gehören seit Urzeiten zusammen. Überall in der Welt gibt es „Fraueninseln", nicht nur im Chiemsee in Bayern (siehe Limerick Nr. 154), auch in Berlin und anderswo.

Vor allem in der Mythologie waren Frauen und Inseln Verbündete. So stieg Aphrodite aus dem Schaum des Meeres an den Inselstrand (siehe Limerick Nr. 273), zuerst auf Kythera, später auch auf Zypern. Eos, die Göttin der Morgenröte, tat das Gleiche, nur zu einer bestimmten Tageszeit, dafür aber jeden Tag. Bis heute kann man das auf nahezu jeder Insel bestaunen. Beide Göttinnen galten als verführerische Schönheiten, viele berühmte Maler stellten sie in schwelgerischen Bildern dar.

Auch für mich war es selbstverständlich, dass ich in den Limericks die Inseln mit Frauen bestückte und schmückte. Hier hielt ich es mit Goethe: „Das ewig Weibliche zieht uns hinan" (Faust II, Schlussvers des chorus mysticus).

Nein, ich bin kein moderner Womanizer, noch ein alter Don Juan (obwohl ich dessen Namen trage). Das ließe allein meine Frau nicht zu. Ich bin von starken Frauen beeinflusst worden. Die erste, der ich begegnete, war meine Mutter. Sie war das prägende Oberhaupt der Familie. Mein Vater war ein Haupt kleiner, also kürzer.

Mutter entschied, wo es in der Familie langging, allerdings so geschickt, dass mein Vater glauben musste, er hätte die Entscheidung getroffen.

Natürlich lag auch die Erziehung in Mutters Händen. Für vieles bin ich ihr heute noch dankbar, so zum Beispiel für ihre Sturheit, mit der sie durchsetzte, dass ich, nachdem ich mit dem Klavierspielen begonnen hatte, jeden (!) Tag eine Stunde übte. Sie opferte damals, im Mangel der Nachkriegszeit, jede Woche ein paar Kaffeebohnen für ein Gebräu, das meine alte Klavierlehrerin wachhalten sollte, die immer während meiner Clementi-Etüden einschlummerte.

Und meine Mutter war schön. Vielleicht nicht so wie Aphrodite oder Eos, aber doch so, dass sie meinen Blick und meinen Geschmack für weibliche Schönheit prägte und mich befähigte, Ihnen heute Inselschönheiten zu präsentieren. Dass von denen einige Ecken und Kanten haben, bleibt beim Reimzwang des Limericks nicht aus.

Warum Fußnoten

In Limericks? Wenn Edward Lear den Limerick als Nonsense bezeichnet, erscheinen Fußnoten, die ja erklären wollen, als redundant. Unsinn lässt sich nicht erklären. Aber andere Autoren wie Umberto Eco (der berühmte Schriftsteller und Semiotik-Professor aus Bologna) haben erkannt, dass Fußnoten – wenn man sie denn richtig einsetzt – durchaus hilfreich, wenn nicht gar unverzichtbar sind.

So sind die Fußnoten, die ich in den Limericks gesetzt habe, kein integraler Bestandteil des Textes, können aber diese literarische Kürzestform (5zeilig) bereichern oder sogar zusätzlich pointieren. (Das tun im Übrigen auch die Überschriften.) Ich habe Fußnoten verwendet, wenn die Auswahl, die ich vorgenommen habe (etwa durch eine Lesart) untermauert wird (s. z.B. Limerick Nr. 45 und 125) oder wenn ich strategische Tipps für den Vortrag gebe (z.B. Nr. 17 und 106) und Quellenverweise (etwa auf einen anderen Limerick) anbiete.

Überschriften der Limericks
(alphabetisch)

16

20

22

Limericks

Heiratsschwindlerin 1

Ein Mädchen von der Insel Langeoog
beim Tanzen noch - Wange an Wange - log.
War es gut drauf, dann wehe!
Es versprach jedem die Ehe.
bis es mit einem nach Crange zog.

Erste Schur 2

Ein Mädchen von der Insel Föhr,
das war ein so süßes Gör,
kam schon in der ersten Saison
nicht ungeschoren davon,
schließlich war sein Geliebter Frisör.

Kinderschutzbund 3

Ein Mädchen von der Insel Juist
sagte seinen Verehrern, es müsst'
erst fragen die Mutter,
dann den Vater am Kutter -
das Mädchen wurd' noch niemals geküsst.

Brotlose Kunst 4

Ein Mädchen von den Kerguelen
verstand sich drauf, Männer zu quälen.
Dafür hier ein Markt is,
doch in der Antarktis
konnt' es Freier an einer Hand zählen.

Adipositas Frühstadium 5

Ein Mädchen von der Insel Milos,
das hatte zu viel ein paar Kilos,
es war von der Sorte
wie die Venus am Orte
und um die ist ja immer noch viel los.

Adipositas fortgeschrittenes Stadium 6

Ein Mädchen von der Insel Kreta
das liebte den heimischen Feta,
auch Souvlaki und Gyros,
süße Kuchen von Syros.
Bei Seenot braucht es jetzt drei Retta.

Ein Getränk zur Belohnung 7

Ein Mädchen von der Insel Elba
befriedigte sich meistens selba.[3]
Und war's gelungen,
dann hat es gesungen
und bestellte sich 'nen Pfirsich Melba.

Norwegophil 8

Ein Mädchen von den Vesterålen
stammte eigentlich aus Westfålen,
doch es liebte Trolle,
kleine, pralle, volle,
und nicht die langen Jungs, die schmålen.

Modernes Aschenputtel 9

Ein Mädchen von den Lakkadiven,
sortiert den Tag lang Oliven
die schlechten es schluckt,
die guten ausspuckt
für den Export ins ferne Boliven.

---

[3] Im Ruhrgebiet, der Heimat des Autors, ist dies
ein reiner Reim. So auch der Endreim in Lim. 6

Alttours   **10**

Ein Mädchen von den Karolinen
wollte nebenbei etwas verdienen,
sich reizvoll schmückte
und oft tief bückte,
die greisen Touris verzogen keine
                Mienen.

Familiengeschädigt   **11**

Ein Mädchen von den Amiranten,
das lebte bei seinen Tanten,
die waren deswegen
immer zugegen.
Drum gab's keinen Sex, keinen entspannten.

Verhütungsmethode   **12**

Ein Mädchen von den Lofoten,
dem war gar zu lieben verboten.
Es hielt sich auch dran
und kam mal ein Mann,
machte es in sein Ding einen Knoten.

Naschkatze 13

Ein Mädchen von der Insel Ibiza
verspeiste zunächst eine Pizza,
drauf Tiramisu
und - jetzt kommt der Clou -
vernaschte es noch den Besitza.

Kai-Pflaume 14

Ein Mädchen, eine Schöne aus Sansibar,
war selten zu Hause, man nahm es wahr
nur unten am Kai
des Nachts bis halb drei,
bevor es die Braut vom Hansi war.

Wetterfest 15

Ein Mädchen von Madagaskar
- das war für viele unfassbar -
ging täglich auf den Strich,
ob's schneite oder nich,
ob es heiß, trocken oder nass war.

Nicht wählerisch **16**

Ein Mädchen von der Insel Borneo
das hatte mal was mit dem Theo,
Gerd, Jan und Dietrich,
Klaus, Kurt und Friedrich,
zur Zeit geht es übrigens mit Leo.

Im Schützenverein[4]

Ein Mädchen von den Galapagos **17**
gezielt auf seinen Papa schoss
Es machte „Bumm!"
Er fiel auch gleich um,
doch halt: das war eine Attrapa bloß.

Schönwetterzone

Ein Mädchen von den Azoren **18**
war in diesem Paradiese geboren:
viele Hochs, keine Tiefs,
nie Smog, selten Miefs,
drum hat es sich zu bleiben geschworen.

---

[4] Achtung: Beim Vortrag sollte man die
Überschrift nachreichen, weil man sich sonst die
Pointe versaut. Beim traditionellen „Vorstands-
schießen" auf Galapagos wird auf entsprechende
Karikaturen des Schützenvereinsvorsitzenden
geschossen.

Auf Nummer Sicher 19

Ein Mädchen aus Lindau im Bodensee
verlangt, dass es erst mal die Hoden seh'
vor seiner Paarung,
ganz aus der Erfahrung,
dass es nicht auf neue Moden steh'.

Schöne Früchte 20

Ein Mädchen von den Tremiten,
das zeigte voll Stolz seine – Quitten
aus dem eigenen Garten.
Tja, man muss warten,
sonst verstößt man gegen die guten Sitten.

Commonwealth 21

Ein anderes Mädchen von den Tremiten
ließ sich gar nicht erst zweimal bitten,
schlich zu ihm in sein Zelt,
dann in die weite Welt[5]
und landete in Great Britain.

---

[5] Wie man sieht, war sein Freund ein Brexit-
Befürworter, der noch immer ans Common-
wealth glaubte.

Scheinheilig 22

Ein Mädchen von der kleinen Insel Neuwerk
war ein boshafter winzig-garstiger Zwerg.
Wie im Watt die Qualle
spuckte es Gift und Galle,
aber jeden Sonntag ging es in de Kerk.

Legasthenikerin 23

Ein Mädchen von der Insel Pellworm
las eine Erzählung von Theodor Storm
– die mit dem Schimmelreiter –
aber es kam nicht recht weiter,
es war an dem Tag nicht in Form.

Russische Eier 24

Ein Mädchen aus dem fernen Kamtschatka
war so `ne richtige russische Matka:
Im kurzen Sommer im Bikini
buk es draußen seine Blini
und kippte oben drauf einen Wodka.

Mutige Nixe 25

Ein Mädchen auf dem kleinen Menorca
wollte zum Ballermann nach Mallorca.
Da flossen die Zähren:
kein Geld für die Fähren.
So kam es zu dem Ritt auf dem Orca.

Jagdsaison 26

Ein Mädchen aus Samothraki
trank abwechselnd Ouzo und Raki,
legte sich dann in den Sand
und wartete am Strand
auf das erste Goldkettchen samt Kamaki.

Wohlverhalten 27

Ein frommes Mädchen auf den Hebriden
wurde von den Männern gemieden.
Es roch zu stark nach Schafen
um bei ihm zu schlafen.
Es konnt' drauf verzichten hienieden.

Und jetzt die Molukkenseiten:

Tropenschicksal 28

Ein Mädchen von den Molukken
das muss sich häufig jucken.
Es sammelt Gewürze
in seine Schürze
und muss nach Stechmücken gucken.

Ein Fall fur die Psychiatrie 29

Legte man einem Mädchen von den
Molukken
ein Ei ins Bett, musste es glucken.
Manchmal schrie es auch „Kikeriki".
So wurde es ein Fall für die Psychiatrie,
PS: Es hatte auch noch weitere Mucken.

Ein Prachtkerl 30

Ein mutiges Mädchen von den Molukken
heiratete einen ägyptischen Mameluken.
Wie er so strahlte in seiner Pracht,
wurd' er zur Attraktion über Nacht.
Ihr solltet sehen, wie die Leute gucken!

Championship **31**

Ein anderes Mädchen von den Molukken
war Champion im Olivenkern-Weitspucken:
Aus voller Lunge,
als Startrampe die Zunge,
ließ es den Kern herauszucken.

Noch eine Championship **32**

Ein drittes Mädchen von den Molukken
war Champion im Kreieren von Mucke-
                                          fucken.
Priesen die meisten die Bohne,
sie machte es ohne
und ließ sich dabei nicht in die Kanne
                                          gucken.

Lönsgeschädigt **33**

Ein viertes Mädchen von den Molukken
wusste ebenfalls zu beeindrucken:
Es orderte für seine Weide
Schafe aus der Lüneburger Heide:
genügsame deutsche Heidschnucken.

Aufrechter Gang 34

Ein fünftes Mädchen von den Molukken,
das lebte ärmlich in zwei Hucken
dort in einer Palmenhütte.
Nur in des Raumes Mütte[6]
ging man aufrecht, musste sich nicht
ducken.

Zu spät 35

Ein Mädchen der Halbinsel Peljesac,
das war so ein wirklich süßer Schatz.
Doch wie oft im Leben
schon vergeben.
Für weitere war da echt kein Platz.

Philharmonisch 36

Ein Mädchen auf der Insel Aruba
spielte exzellent eine Tuba.
Die war dort nicht vonnöten,
nur Steeldrums und Flöten.
Drum wanderte es aus nach Kuba.

---

[6] Der Vorwurf des unreinen Reimes wäre in
Anbetracht des sozial schwachen Umfeldes
dieses Limericks kleinlich und unangebracht.

Kitzlig 37

Ein Mädchen auf den Seychellen
war kitzlig an gewissen Stellen.
Wenn man es dort piekte,
es lustvoll quiekte
und stieß einen Schrei aus, einen hellen.

Noch mal gutgegangen 38

Ein Mädchen auf der Insel Usedom
nestelte an seiner Bluse rom.
Ein McPommer stierte,
was da wohl passierte.
Es dachte: Is Tied, dat ek na Huuse komm.

Zickig 39

Einem Mädchen aus Guadeloupe
waren Männer ziemlich schnuppe:
ob soft oder kernig,
ob klug oder eher nich,
immer fand es ein Haar in der Suppe.

Hellhörig 40

Ein Mädchen von den Färöer
hatte ein so feines Gehör:
Es hörte Wale pusten,
Garnelen husten,
sogar das Pupen vom Stör.[7]

Gefährliche Felskletterei. 41

Ein anderes Mädchen von den Färöer
trank gern – wie uns Udo[8] – Eierlikör.
Sie holte mit ihren Schwestern
Eier aus den Möwennestern
als allerwichtigstes Zubehör.

---

[7] Es ist weitgehend unbekannt, dass auch Fische
Flatulenzen (Blähungen) haben. Wissenschaftler
aus Kanada und Schottland haben sogar heraus-
gefunden, dass Heringe Luft aus ihrer Schwimm-
blase in den Analtrakt pressen, um Töne zu
erzeugen, mit denen sie sich unter Artgenossen
verständigen. Das kann der Stör nicht. Sein
Pupen stört nur in der Unterwasserwelt. Daher
auch sein Name.

[8] Udo Lindenberg, Panik-Rocker und Eierlikör-
Trinker und -Maler, trat im September 2017 auf
dem Kreuzfahrtschiff „Mein Schiff 3" auf und
gab auf Facebook bekannt, dass er dafür sorgen
will, dass dieses Schiff in Zukunft die Färöer
nicht mehr anläuft, weil dort immer noch Delfin-
und Waljagd betrieben wird.

Verkehrsbehinderung **42**

Ein Mädchen auf der Isle of Wight
stand für alle Kunden bereit,
drum tut der bullshit
mit dem brexit
ihm für das Geschäft so leid.

Entwicklungshilfe **43**

Ein Mädchen von Martinique
war Mitglied in einer Clique,
die Touristendeppen
beim Verkaufen neppen.
Denk dran: Die haben's nicht so dicke.

Großstadt schnuppern **44**

Ein Mädchen von den Isles of Scilly
verabredete sich mit einem Hillbilly
in London zum Tanze.
Als Inselpomeranze
wollte es partout zum Picadilly.

Und jetzt die Sylt-Seiten:

Unaufgeklärt 45

Ein Mädchen von der Insel Sylt,
das hatte noch niemals gestillt.
Da ließ es den Frust raus
und packte die Brust aus,
aber die war noch nicht gewillt[9].

Ein Mädchen von der Stange 46

Ein sexy Mädchen tritt auf Sylt
In einem Nachtclub auf, unverhüllt.
Wenn die Männer nicht murren,
sondern schnurren und gurren,
hat es seinen Auftrag erfüllt.

---

[9] Betrifft: Lesart: Ein minderbegabter Autor hätte
als Pointe (letztes Wort) wahrscheinlich das
naheliegendere „gefüllt" gewählt, das auch –
zugestanden – die reimklangästhetisch-sauberere
Lösung gewesen wäre. Aber die Lebenserfah-
rung zeigt gerade, dass saubere Lösungen –
zumal wenn sie perpetual und kumulatorisch
auftreten – eher langweilen.
Meine Entscheidung für „gewillt" ist zweifelsfrei
die modernere Lösung. Mit der Isolierung und
Personifizierung eines menschlichen Organs
wird diesem der freie Wille zuerkannt und der im
Gedicht aufgegriffene Vorgang erhält eine
verfremdete Dimension, die unbedingt in unsere
postfaktische Zeit passt.

Kracher 47

Ein Sylter Mädchen aus Westerland
sein Glück an einem Sylvester fand.
Es ließ einen krachen,
da musste er lachen,
was ihre Beziehung fester band.

Glücksfall 48

Für ein Sylter Mädchen aus Keitum
war eines Tages die Zeit um.
Die Eltern drohten: „Ab morgen
musst du dich selber versorgen."
Da schnappt es sich Khan. Salem Aleikum.

Gästeschelte 49

Ein Mädchen bediente in Kampen
auf Sylt häufig Schlampen.
Die Männer waren kaum besser:
alles Säufer und Fresser.
Man sah es an ihren Wampen.

Naturschutz   **50**

Ein Sylter Mädchen aus List
geprüfte Wattführerin ist.
Sie zeigt Wattwürmer, Muscheln
und einen Seehund: Nicht kuscheln!
Der ist schließlich kein Tourist.

Mietwucher   **51**

Es vermietete ein Mädchen aus Rantum
ihre Fewos zu einem recht hohen Quantum.
Doch trotz horrender Mieten
konnten die Fewos nix bieten.
In einer fiel fast die Wand um.

Bunny   **52**

Ein Mädchen aus Bora Bora
wollte bei der feuchten Flora
und den tropischen Hitzen
nicht so stark schwitzen,
drum: Reizwäsche nur aus Angora.

Weltkulturerbe   **53**

Das bretonische Mädchen Isabel
lebt auf dem Mont-Saint-Michel.
Die berühmte Abtei mit dem Fresko
steht unter Aufsicht der UNESCO,
nur nicht sein kleines Hotel[10].

Schönheitswahn   **54**

Ein Mädchen aus Formentera
pflegte die Haut mit Aloe Vera,
mit Mimosen und Nelken
und begann doch zu welken.
Es stürzte sich in eine Caldera.

Innere Schönheit   **55**

Dagegen ein Mädchen aus Madeira
stammte aus einer anderen Ära,
als die Falten
noch was galten.
Es pfiff auf Aloe Vera.

---

[10] Das Hotel ist bei 3,5 Mio. Inselbesuchern im
Jahr immer ausgebucht.

Das beste Tier in seinem Revier   **56**

Es hatte auf der Halbinsel Malakka
ein Mädchen einen gelehrigen Kaka-
du – wirst es nicht glauben,
der konnte schnauben
wie ein Anden-Alpaka.

Strahlende Zukunft im Paradies   **57**

Ein Mädchen auf dem Atoll Mururoa[11]
wurde gebissen von einer Boa
Constrictor.
Da half ihm Victor.
Er war grad zu Besuch aus Samoa.

Schlankheitstipp   **58**

Ein fesches Mädchen aus Sardinien
aß gerne die Kerne der Pinien
am liebsten im Carpaccio.
Doch was sagt sein Macho:
„Das ist nicht gut für deine Linien."

---

[11] Der Limerick erinnert an die paradiesische
Zeit, bevor die Franzosen kamen. Seither ist das
Atoll unbewohnt. Seit 1966 hat Frankreich hier
fast 200 Atomtests gestartet. Inzwischen denken
die ersten Verrückten schon wieder an eine
Besiedlung: eine Fischkonservenfabrik oder gar
ein Feriendorf. Le Grand Macabre.

Weetsichtje Balinerin   59

Ne Jöre, die früher bei Borsig war,
zog et vor Jahren nach Korsika.
Dort lebt se vonner Rente,
auch mal mit einem pennte.
Mit Dampfloks sie keene Zukunft vor sik
                                            sah.

Versuchung   60

Am weißen Strand der Ile de Ré
ein Mädchen, umspült von der frischen See,
gewürzt mit einer salzigen Prise
aromatisch-kräftiger Meeresbrise:
Ein Wunder, dass ich da widersteh'.

Karrierebeginn   61

Es blies auf der Halbinsel Hela
ein polnisches Mädchen die Vuvuzuela.
Das Instrument – sonst so schaurig –
spielte es verlockend und traurig.
Es wurde gecastet für eine Telenovela.

Blind Date   **62**

Ein Mädchen von der Insel El Hierro
verabredete sich mit einem Torero.
Doch der Typ war so schaurig,
es wurde ganz traurig
und versteckte sich unterm Sombrero.

Introvertiert   **63**

Ein stilles Mädchen von La Palma
das spielte so gerne Halma.
Man wollte sie locken,
Fiestas feiern und rocken.
Da zog es sich zurück in die Calma.

Heimatliebe   **64**

Ein Mädchen hielt die Kapverden
für den schönsten Platz hier auf Erden.
Allerdings muss man aufpassen:
es hatte sie nie verlassen.
Aber das kann ja noch werden.

Feiglinge **65**

Ein Mädchen auf Lanzarote
war scharf wie eine Chilischote,
erhielt schmachtende Blicke,
Geschenke dicke,
aber keine Heiratsangebote.

Stimmungseintrübung **66**

Ein Mädchen auf der Insel Elba
wurde eines Abends immer gelba[12],
wohl weil die Leber versagte
und der Frust an ihm nagte.
Es verließ verärgert die Hotelbar.

Warnung **67**

Ein Mädchen von den Kykladen
liebte es nackt zu baden,
doch sein gestrenger Vater
und der örtliche Pater
warnten vor einem Folgeschaden.

---

[12] Im Ruhrgebiet, der Heimat des Autors, ist das
ohne Einschränkung ein reiner Reim. Das gilt
auch für die letzte Reimzeile.

Peinlich   68

Ein Mädchen aus Santo Domingo
verknallte sich in einen Gringo.
Als der das bemerkte,
er seinen Auftritt verstärkte
und stolzierte wie ein Flamingo.

Lavaphobie   69

Ein Mädchen auf der Vulkaninsel Java
hatte panische Angst vor Lava,
denn es wusste schon,
dass nach einer Eruption
nichts mehr von früher da war.[13]

Zeitgenössische Kunst   70

Auf der Künstlerinsel Bali
malte einst Salvador Dali
ein Mädchen allein
mit Schubladen im Bein.
Daraufhin nahm es gleich Zyankali.

---

[13] Erklärungsversuch: Der Autor stammt aus dem
Ruhrgebiet. Dort ist das ein „reiner" Reim. Siehe
auch Nr. 66.

Zeitenwandel 71

Dem reizenden Mädchen Jelena
auf der einsamen Insel St. Helena,
wo man einst Bonaparte
vor Kontakten bewahrte,
rücken heute die Jungs auf die Pelle nah.

Verwöhnt 72

Ein Mädchen von den Bahamas
trägt nur besondere Pyjamas:
Sie dürfen auf Matrazen
nicht jucken und kratzen.
Sie bestehen aus Wolle der Lamas.

Mensch und Tier 73

Ein Mädchen auf Sachalin
verliebte sich in einen Delfin,
in seinen prächtigen Schwanz.
Dann traf es Franz.
Mit dem war es doch mehr affin.

Dreikampf oder Faire Verlierer   **74**

Ein Blumenmädchen aus Hawaii
verliebte sich gar in drei,
ließ sie beim Hula testen,
entschied sich für den Besten.
Die beiden andern machten kein Bohei.

Schöner als die Polzei erlaubt   **75**

Ein verträumtes Mädchen aus Jamaika
spielte so herzzerreißend auf der Balalaika.
Es war fast strafbar.
Und weil er Fotograf war,
hielt er den Tatbestand fest mit seiner Leica.

Mikrosomie   **76**

Ein Mädchen aus dem verschneiten Spitz-
                                           bergen
wohnt – wie Schneewittchen – bei den
                                           Zwergen,
die heißen hier aber Trolle,
tragen im Gesicht die Knolle
und haben's nicht so mit Glassärgen.

Und jetzt die Hallig-Seiten:

Einsamer Job 77

Einst lebte ein Mädchen auf Trischen
umgeben von Vögeln und Fischen
als Vogelwartin des NABU,
für andre war die Insel tabu.
Jetzt ist es zu Hause inzwischen.

Inselkoller 78

Ein Mädchen von der Hallig Gröde
fand das Leben dort einsam und öde.
Doch selbst bei Land unter
waren die anderen noch munter.
Da haute es ab. „Ich bin doch nicht blöde."

Sturmflut 79

Ein Mädchen von der Hallig Hooge
ward erfasst von einer mächtigen Woge.
Die warf es zur Landung
bis in die Brandung
der Ostfriesen-Insel Wangerooge.

Bildungssendung 80

Einem Mädchen kam die Hallig Nord-
strandischmoor
in der zweiten Woche nur noch sandisch[14]
vor:
Dä janze daach tote Hos',
över em ovend jeiht et los.
et Leevche luuret Ranga Yogeshwor.

Ruhe seit biblischen Zeiten 81

Kein Mädchen gibt es auf Habel.
Die Hallig seit Kain und Abel
wird äußerst selten betreten,
wenn doch, wird gebeten:
„Sei ruhig und halt deinen Schnabel."[15]

Standfest 82

Ein Mädchen von der Hallig Langeneß
ist vor den Stürmen nie bange gewes'.
Und wenn die Winde heulten,
sich die Wände beulten,
hielt es sich an der Ofenstange fes.

---

[14] Sie merken – hoffentlich – dass es sich hier
nicht um eine eingesessene Inselschönheit han-
delt, sondern um einen weiblichen Feriengast aus
Köln, der die Schnauze voll hat.

[15] Weil das ja eine Vogelinsel ist.

Versuche am Menschen **83**

Ein Mädchen von den Salomonen
war so schön, man wollte es klonen.
Dann musste man feststellen:
Es hatte Salmonellen.
Davor musste man andere verschonen.

Ärztliche Versorgung **84**

Ein Mädchen der fernen Insel Ascension
war stolz auf die weite Dimension:
2500 km bis Afrika,
3000 km bis Amerika.
Dann brauchte es „Mitochondrienmembran-
suspension"[16].

Problemfälle **85**

Zwei Mädchen von den Aleuten
hatten entzückend süße Schnuten.
Aber das war auch schon alles,
im Falle des Falles
keine Ahnung von Blasen und Tuten.

---

[16] Diese Arznei war natürlich in der Insel-
apotheke nicht vorrätig.

Faules Gör   **86**

Ein Mädchen lief auf Amrum
bei Schönwetter nur auf dem Damm rum,
bei Schietwetter – der Hammer –
ging's alltied in die Kammer
und spielte mit seinem Kamm rum.

So geht es nicht   **87**

Ein Mädchen von der Halbinsel Krim
fand den Einmarsch der Russen schlimm,
andere fanden gut ihn,
nicht nur der Putin,
aber er bleibt immer illegitim.

Darum ist es am Rhein so schön   **88**

Ein Mädchen täglich nach Nonnenwerth
mit der schuleigenen Fähre fährt.
Dort besucht es christlich-akkurat
ein Franziskanerinnen-Internat,
damit aus ihm mal was Gutes werd'.

Verborgene Schönheit   **89**

Ein Mädchen, ein Juwel aus Lipari,
verhüllte sich in einem Sari.
Obwohl es wenig zeigte,
es doch nichts vergeigte:
drunter sah man die Stradivari.

Ausgestorben   **90**

Um die letzten Mädchen auf Wrangel
gab's im vorigen Jahrhundert Gerangel:
Die Männer – trotz Feuersglut –
litten längst unter Skorbut.
Das führte zu Nachwuchsmangel.[17]

Dänisch   **91**

Ein scharfes Mädchen auf Fünen
lag oft mit den Jungs in den Dünen,
ließ seinen Busen
gerne beschmusen.
Kürzlich gebar es einen blonden Hünen.[18]

---

[17] Die Insel ist seit 1990 unbewohnt.

[18] Laut einer wissenschaftlichen Studie sind über
zwei Drittel der Dänen blond.

In der Szene 92

Ein freundliches Mädchen aus Manhattan
schlief sich dort durch viele Betten.
Es mochte die Barden
in den Jazz-Avantgarden
und konnte sich vor Einladungen kaum
retten.

Suizidgefährdet 93

Ein heiratswilliges Mädchen auf Gotland
sah an gleichgesinnten Männern einen Not-
stand.
Es gab nur Hänger
oder Schlickefänger.
Es stand verzweifelt am Bootsrand.

Wetterunbill 94

Es grillte ein Mädchen auf Grado
gefüllte duftende Avocado.
Die Stimmung war heiter,
doch so ging es nicht weiter,
bald streifte es ein Tornado.

Zu hoher Anspruch   **95**

Ein Mädchen auf der Insel Santorin
träumte: Ich geb mich nur hin
dem, der durch Wellen und Meer
schwimmt zu mir her.
Es wartet noch heute auf ihn.

Heimweh   **96**

Das russische Mädchen Ivanka
war nicht glücklich auf Sri Lanka.
Es hielt die Küche nicht aus
und wollte nach Haus'
zu Borschtsch und zu Soljanka.

Lustig ist es im grünen Wald   **97**

Ein Sinti-Mädchen aus Gran Canaria
hatte überwunden seine Malaria,
doch es war wie besessen:
Es hatte manches vergessen
und sang immer nur „faria-faria-faria…"

Stressfrei   98

Ein Mädchen aus Samoa
trägt nur eine Federboa,
sonst lebt es voll Wonne
wie einst Diogenes in der Tonne
als Sympathisantin der Stoa.

Juwel   99

Die Schönheitskönigin von Helgoland
ist seit Jahren schon konstant
– drum jubelt ihr ein froh' Hosanna! –
die Lange Anna.
Unter Deutschlands Felsen der Diamant.

Antiker Heros   100

Ein Mädchen erwuchs auf Karpathos
von Anfang an ganz vaterlos.
Der hatte sich nämlich wild verwegen
mit Lanze bewaffnet und mit Degen
und stürmte entschlossen auf Sparta los.

Darm mit Charme   **101**

Einem dicken Mädchen auf Mainau
half nur noch ein enterologischer Einbau.
Um seine Figur zu verfeinern
musste man den Darm verkleinern,
auf dass es dann wieder reinhau.

Erst buddeln, dann knuddeln   **102**

Ein Mädchen der Insel Reichenau
war früh interessiert an der Leichenschau.
Drum studierte es in Wien
Rechtsmedizin
und trat in den Nekrophilen e.V.

Germanischer Mythos   **103**

Es war das Mädchen Jule
die Tochter vom König in Thule.
Mit der Insel hat sich Goethe vertan:
Sie gibt's nur in rechtsextremem Wahn
und im Deutschunterricht in der Schule.

104
Erster weiblicher Arbeitsplatz im Insel-
verkehr

Es brauchen – auch ohne Jungfernschaft –
die Jungferninseln weibliche Arbeitskraft.
Erstmals seit Kolumbus
entscheidet sich ein Mädchen zum Bus-
fahrer der Verkehrsgesellschaft.

Auswanderer-Tristesse   105

Ein Mädchen, das Florida zu teuer fand,
zog kurzentschlossen nach Feuerland.
Dort zog es ´ne Fleppe[19]:
nur kalte Steppe.
Im Gras einsam ein Wiederkäuer stand.

Brexitus[20]   106

Ein Bermudamädchen in Bermudashorts
war Chambermaid eines britischen Lords.
Doch die Sitten des Briten
waren sehr umstritten.
So wurde er Opfer eines Mords.

---

[19] In der Ruhrgebietssprache sind das die
enttäuschten Gesichtszüge als Reaktion auf eine
schlechte Nachricht.
[20] Hier sollte verfahren werden wie im Galapa-
gos-Limerick, Nr. 17

Schaurig 107

Ein anderes Mädchen auf Bermuda
war ein sehr gefährliches Luda[21],
ließ in seinem Dreieck Schiffer stranden,
andere kamen ganz abhanden.
Welch eine Sirene! Und was sagst du da?

Schmalztolle 108

Ein Mädchen im kalten Grönland
am einsamen Strand einen Föhn fand.
Es föhnte seine arktische Wolle
zu einer Elvis-Schmalztolle,
was mancher Eskimo schön fand.

Schmollmund 109

Ein anderes Mädchen in Grönland
kein Einheimischer zum Küssen schön fand.
Es spritzte die Lippen mit Hyaluron,
doch letztlich hatte es nichts davon.
Manch Eskimo das jetzt obszön fand.

---

[21] Zum Problem „reiner Reim" s. Limericks
Nr. 69, 138 u.a.m.

Sphärenklänge 110

Ein drittes Mädchen aus Grönland
sein Herz an die hessische Rhön band.
Im Anblick der Wasserkuppe
war alles andere schnuppe,
geradezu himmlisch es das Sturmgetön
fand.

Gelassen 111

Über ein kroatisches Mädchen aus Brač
gab's auf der Insel immer viel Tratsch:
„Es hat was mit `nem Slowenen."
„Nein, mit `nem Russen." „Mit zwei Dänen!"
Es machte sich nichts aus dem Knatsch.

Börsennotierung 112

Ein Mädchen musste bei der Bank in Naxos
warten, bis in Frankfurt der DAX schloss,
schnell noch Aktienbündel verkaufen,
denn der Laden musste ja laufen,
aber dann zog es endlich mit Max los.

Zu stürmisch **113**

Ein Mädchen auf der Île d'Yeu
bekam Besuch von einem Monsieur.
Der begann zu nuscheln,
er wolle es kuscheln.
Es bremste ihn sanft: „Nur un peu!"

Mangel an Aufklärung **114**

Ein Mädchen auf den Kanaren
war in der Liebe noch unerfahren.
Es glaubte, man müsste
den auch heiraten, den man küsste.
Das aber wollte es sich ersparen.

Fischgestank **115**

Ein Mädchen von den Sporaden
briet in der Pfanne zwei Doraden,
die waren schon am Müffeln,
trotz der Beigabe von Trüffeln,
trotz Einsatz von Raumspray und Pomaden.

Ile de la Citè – Paris   **116**

Ein Mädchen sah Notre Dame nicht nur
                 gotisch,
sondern irgendwie auch frivol und erotisch.
Es begann mit den Chimären
des Nachts auf der Galerie zu verkehren,
Die Mutter rief: „Merde! Das verbot isch.".

Eine Italienerin auf den Kanaren   **117**

Es chillte eine Azzurra
am Strand von Fuerteventura.
Sie wurde von hundert
Männern bewundert:
Finger weg: Die studiert Jura!

Stierkampfschülerin   **118**

Ein Mädchen versucht auf Gomera
sich mit rotem Tuch als Torera[22],
muss dem gehörnten Karren
entgegenstarren.
Noch fehlt der Stich in die Viszera.[23]

---

[22] Das Interesse an Ausbildung zur Stierkämpferin ist in Spanien in den letzten Jahren sprunghaft gestiegen.
[23] Für Nichtlateiner: die Eingeweide.

Fehlversuch **119**

Auf Lindwerder im Tegeler See
hatte ein Mädchen die kühne Idee,
Wernher von Braun zu besuchen,
doch der war grad bei Raketenversuchen[24]
für Adolf Hitlers Armee.

Feierlich herausgeputzt **120**

Ein Mädchen vom Stamme der Samen
musste für das Rentierexamen
auf der Halbinsel Kola
ihre alte Pelzstola
zur Feier des Tages herauskramen.

Die Hoffnung, entdeckt zu werden **121**

Beginnt das Filmfestival an Venedigs Lido
stürzt sich ein Mädchen – molto rapido –
beim Casting-Getümmel
auf jeden Fotografen-Lümmel,
egal ob nun Guido oder Placido.

---

[24] W.v.B. hat hier – noch als Lehrling – seine
ersten Raketentests durchgeführt.

Mädchendüfte 122

Ein Mädchen auf der Insel Vulcano
duftet betörend nach Oregano
und anderen Kräuterblüten –
und tritt es beim Ziegenhüten
in Vogelkot – auch nach Guano.

Innere Werte 123

Ein dalmatinisches Mädchen von Mljet
war nicht schlank, sondern eher zu fett.
Doch viele Kroaten
fanden's trotzdem gut geraten,
denn es war klug, hilfsbereit und nett.

Borniert 124

Ein kluges Mädchen aus Texel
studierte den Klimawechsel
und seine weltweiten Kosten
an der Uni zu Boston.
Nur Trump hielt das für Geklecksel.

Märchenwald **125**

Es träumte ein Mädchen auf Baltrum,
es liefe im Märchenwald rum,
doch von Zwergen und Feen
war nix zu sehen.
Und die Nacht war ohnehin bald rum.

Gute Partie **126**

Ein heiratswilliges Mädchen aus Spiekeroog
sich die Jungs kritisch vor den Kieker zog.
Die Empfehlung der Mutter
war der Fischer mit Kutter.
Am Ende es auf einen Akademieker[25] flog.

Zurück im Stall **127**

Ein Mädchen auf der Insel Borkum
legte beim Schwimmen sich einen Kork um.
Doch beim Blick in die Tiefen
begann es zu schniefen.
Im Stall ging's wieder entspannt mit der Fork
um.

---

[25] An der ungewöhnlichen Betonung – forciert
durch den Reimzwang – erkennt man wieder,
dass sich Akademiker alles erlauben können.
Anderseits ist das Wort abgeleitet von
„Akademie".

Windjammern **128**

Zum schönsten Mädchen nach Norderney
fahren – als ob das die Order sei –
die friesischen Jungs in den Hafen,
um mit dem Deern zu schlafen.
Jüngst war da sogar ein Außenborder bei.

Gammelfleisch **129**

Es ist das westfriesische Ameland
für seine schmackhaften Hammel bekannt.
Hier suchte ein Meisje nach den Perlen
unter den einheimischen Kerlen.
Doch leider es nur Gammel fand.

Auswahlkriterien **130**

Ein Mädchen ärgerte an Vlieland,
dass hier so viel dösiges Vieh stand.
Um so wichtiger war ihm dann,
dass es sich den richtigen Mann,
und nicht `nen Ochsen ans Knie band.

Ein Essener Mädchen   131

Ein Mädchen machte es sich auf der Brehm
mit seinem Freund so richtig bequem:
von der Ruhr umflossen,
hat es sein Schmusen genossen
und zudem roch er so angenehm.

Alcatrazlike   132

Das toscanische Mädchen Ramona
lebte lange Zeit auf Gorgona[26].
Hier gab's zwar viele Männer,
aber nur Knackis und Penner
in der prohibida zona.

Semesterferien   133

Ein Mädchen von La Maddalena
studierte im fernen Siena.
Doch dann im August
tanzte es voll Lust
in der Hafenbar den Macarena.

---

[26] G. ist die letzte Gefängnisinsel Europas,
Ramona verließ ihren Heimatort, als sie -
volljährig - einen Mann suchte.

Am Rand der Geschichte   134

Ein Mädchen auf dem kleinen Pianosa
war Zeitgenossin von Marquis Posa,
Ende des 16. Jahrhunderts.
Doch dort, wen wundert's,
traf's weder Schiller noch Spinoza.

Braun für rot   135

Ein Mädchen aus Curaçao
verehrte wie viele den Mao
aus dem roten fernen Osten,
ließ sich das was kosten
und schickte ihm ein Päckchen Kakao.

Luftaustausch   136

Es ließ auf der Insel Zakynthos
ein Mädchen mal einen Wind los,
den mussten die Griechen
nicht riechen:
Es kam gerad' vom Meer her ein Windstoß.

Frommes Callgirl   **137**

Es verlangte ein Mädchen von den Cayman:
„For my service you have to pay, man!"
Einer wollte das Callgirl prellen.
Mit einem linken Haken, einem schnellen,
fällte es ihn: „Rest in peace. Amen."

Sprayerin   **138**

Ein Mädchen auf der Insel Haiti
sprühte Charme und manchmal Graffiti.
Es malte Hirsche aller Länder,
gern Vierzehnender,
am liebsten den kanadischen Wapiti.

Si tacuisses[27]   **139**

Ein Mädchen von der Insel Djerba
wurde intim mit einem Berba[28],
er liebte es heftig,
aber dann benutzte er deftig
nur noch schmutzige Verba.

---

[27] Gemeint ist der Sinnspruch des *Boethius*: Si tacuisses philosophus mansisses, Dt. Wenn du geschwiegen hättest, hätte man dich für einen Philosophen gehalten. Oder wie es im Ruhrgebiet heißt: Hättse besser die Schnauze gehalten.
[28] Das ist im Ruhrgebiet, der Heimat des Autors, ein reiner Reim.

Gefährliche Sparsamkeit　　　**140**

Ein Mädchen aus Sizilien
sparte sehr an seinen Textilien,
was manche Männer lockte,
andere schockte,
die sich fürchteten vor Borrelien.

Lauter Philipps[29]　　　**141**

Ein Mädchen aus dem zyprischen Fama-
　　　　　　　　　　　　gusta
war zum Urlaub in der ungarischen Puszta.
Interesse galt hier nur Pferden,
aus einem Flirt konnte nichts werden.
Auf Frauen war partout keine Lust da.

Silberblick　　　**142**

Ein japanisches Mädchen von den Kurilen
hat einen Silberblick, also leichtes Schielen.
Der Blick ist der Renner
für unzählige Männer:
Er gilt nicht nur einem, sondern vielen.

_____

[29] Philippos (griech.) – der Pferdefreund

Berufung **143**

Ein Mädchen von den Komoren
hatte sich beizeiten geschworen,
einen guten Hirten
lebenslang zu bewirten.
Es heiratete einen Pastoren.

Verkannter Adel **144**

Ein anderes Mädchen auf den Komoren
war ursprünglich mal hochwohlgeboren,
doch an einer Duchesse
bestand kein Interesse.
Es verdient sich als Barfrau die Sporen.

Modern Style **145**

Ein Mädchen aus Papua-Neuginea
kauft seine Aussteuer nur bei Ikea.
Das hebt seinen Nimbus,
allein wegen des Imbus
und des Billy-Regals für den Kea.

Männermangel 146

Die Marianen - welthöchster Anteil an
                                    Frauen -
lassen früh die Mädchen nach Männern
                                    ausschauen,
sind froh, wenn sie einen haben.
Über den Marianengraben[30]
sich selten Männer von auswärts trauen.

Haarschmuck 147

Ein Mädchen im fernen Tasmanien
hat Haare wie braune Kastanien
und – als würd' das nicht reichen,
unser Herz zu erweichen –
steckt's hinein zwei rosa Geranien.

Ungeliebte Klientel 148

Ein Mädchen auf den Malediven
bedient in der Golf-Lodge nur Snobs und
                                    Diven,
muss mit dem Caddywagen
Bälle und Hintern nachtragen.
Dabei schlägt sein Herz für die Primitiven.

---

[30] Der Marianengraben ist mit über 11 000 m die
tiefste Stelle des Weltmeeres. Männer sollten
also bei dem Gedanken an Überquerung mindes-
tens das „Seepferdchen" als Schwimmabzeichen
erworben haben

Nationalgetränk   **149**

Ein Kindermädchen von besondrem Calibre
gab jedem Zögling, damit der nicht fiebre
bei starkem Husten
oder zu schwachem Pusten
einen großen Löffel Cuba libre.

Alter Bekannter   **150**

Ein Mädchen von der Isle of Man
sagte sich eines Tages: Na denn,
wegen der vielen Spanner
muss jetzt mal ein Mann her
und es schrieb an Uncle Ben[31]

Vorsicht Falle   **151**

Eine Jungfrau von den Isles of Orkney
tat so, als ob sie den Kork nie
aus dem Whisky gezogen bekäme
und gern männliche Hilfe annähme...
Mit dem Trick kam bis nach New York sie.

---

[31] Den kannte es als Reisesserin schon lange und
hatte unerschütterliches Vertrauen in den väter-
lich lächelnden Afroamerikaner.

Partnerbörse **152**

Ein Mädchen von der Insel Schiermonnik-
oog
suchte einen Mann im Farbkatalog
einer Partneragentur.
Der Haken war nur,
dass der Anteil an Weicheiern überwog.

Alte Meister **153**

Ein Mädchen aus Marken im Ijsselmeer
zieht alle Blicke hinter sich her.
Wenn's in der bunten Tracht
sich spiegelt in einer Gracht,
erinnert es an Gemälde vom alten Vermeer.

Benediktinerregel **154**

Ein bayrisches Mädchen hatte gehört
von einem Kloster im Chiemsee: Frauen-
wörth,
gelegen in alpenländischer Flora,
doch mit strenger Regel: ora et labora.
Darüber hat es sich mächtig empört.

Käfighaltung **155**

Ein Mädchen von der Insel Fehmarn
wär' so gern mal aufs Festland gefahr'n.
Aber das verbot strikt
die Mutter mit dem Verdikt:
Nur Männer sollten zur See fahr'n.

Westsidestory **156**

Ein estnisches Mädchen auf Ösel
hatte Feriengäste aus Hösel[32]
und die Chance, aus dem Westen,
stramme Jungs zu testen.
Die waren nur halbgare Schnösel.

Nie unbekümmelt **157**

Ein Mädchen auf dem dänischen Röm
trinkt seinen Tee nur mit Köm.
Der lässt es nicht frieren
und ist gut für die Nieren
auf dass alles strulle und ström'.

---

[32] Gemeinde bei Ratingen im Rheinland

Enttäuschung am Gabentisch   158

Ein Mädchen auf der Halbinsel Zingst
wünschte sich sehnsüchtig einen Hingst.
Dann zu Weihnacht
der Postbote bracht'
die Absage: Er käme erst zu Pfingst.

Kampfpause   159

Ein Mädchen vom einsamen Pantelleria
ist Partisanin der örtlichen Guerilla.
Oft gibt's nix zu kämpfen,
dann muss es sich dämpfen
und backt für die Truppe Tortilla.

Überrascht   160

Zu einem Mädchen auf der Insel Skye
sagte ein Boy: „Komm, mach dich frei!"
Das Mädchen, jung an Jahren
und noch nicht so erfahren,
erstaunte: „Okay - but why?"

Vor der MeToo-Kampagne 161

Ein anderes Mädchen auf Skye
fand auch nichts dabei,
wenn ein Boy sie drängte
und in eine Ecke zwängte.
Das war kein Grund für Geschrei.

Vor dem Freitagsgebet 162

Auf den Kamaran-Inseln vor Jemen
lässt jeden Freitag ein Mädchen sich
kämmen
für den Besuch der Moschee.
Selbst ein Sandsturm oder Schnee
könnte diesen Ritus nicht hemmen.

Formel 1 163

Ein Mädchen von den Inseln Bahrain
möchte einmal beim Grand Prix sein,
sich von Sebastian Vetteln
ein Autogramm erbetteln.
Dafür würd' es ihn auch zum Sieg schrei'n.

Fußball-Weltmeisterschaft 2022   164

Ein Mädchen auf der Halbinsel Katar
wartet auf einen Fußballstar,
ausgerechnet auf Mats Hummels
während des Weltmeisterschaftsrummels.
Aber bis dahin sind's noch vier Jahr'[33].

Pfundiges Madel   165

Das oberbayrische Madel Resi
lebt auf der Insel Sulawesi
mit einem kleinen Asiaten.
Der ist allzeit gut beraten,
dass er gehorcht, sonst wird „bees" sie.

Fehlanzeige   166

Kein Mädchen gibt es auf Athos.
Hier leben mit griechischem Pathos
meist alte Mönche mit langen Bärten,
die sich gegen alles Weibliche abhärten.
Sie lieben nur ihren Kyathos[34].

---

[33] Hoffentlich hat der weibliche Fan Glück.
Hummels ist dann 34 Jahre alt.
[34] Ein alter Schöpfbecher für Wein.

Berufskleidung **167**

Ein Mädchen im fernen Malta
arbeitet bei der Post am Schalta,
geschnürt in ein Leibchen
als Schutz für das Weibchen,
denn manchmal ist es auch kalt da.

Mafiabraut **168**

Ein Mädchen von der Insel Gozo
heiratete einen Mafioso.
Wenn er da im Kittel saß,
war er eher nur Mittelmaß,
aber im Küssen und Killen Virtuoso.

Idylle am Äquator in Afrika **169**

Es gehört zum Inselstaat Sao Tomé
auch das benachbarte Principe.
Auf einer Tropenplantage
lebt ein Mädchen samt Bagage
zufrieden von Kakao und Kaffee.

Werftarbeiterin **170**

Ein Mädchen von Terschelling
arbeitet dort auf einer Helling,
lässt auf schrägen Rutschen
Schiffe ins Wasser flutschen.
Dann geht's nach Hause über die Stelling[35].

Erhöhte Wachsamkeit **171**

Auf den französischen Iles d'Hyères
herrscht eine prickelnde Atmosphäre.
Hier hält ein Mädchen der Côte d'Azur
stets verschlossen seine Tür,
damit es nicht zu früh gebäre.

Staatsmänner **172**

Ein Mädchen auf der Insel Brioni[36]
war scharf wie rote Peperoni.
Schon seit ehemals Titozeiten
liebte es, Staatsmänner zu begleiten.
Jetzt wartet es auf Berlusconi.

---

[35] Begriff aus der Marine: Die Stelling verbindet
Schiff und Land, ist also eine Art Gangway.
[36] Brioni war von 1947 an eine der Residenzen
Titos und für die Allgemeinheit nicht zugänglich.
Ab 1980 wurde sie unter Naturschutz gestellt.

Spaghetti alle vongole   173

In Venedigs Lido auf Pellestrina
sucht ein Mädchen Schnecken: Littorina,
kocht mit Knofi und Spaghetti
und schon ist das Festmahl paletti.
Molto grazie, signorina.

Erster Eindruck   174

Ein Mädchen war auf Pag
eine Erscheinung, die jeder mag.
Doch begann es zu quasseln,
tat es alles vermasseln.
Dann kam sein Charakter zutag.

Rote Flagge   175

Ein Mädchen auf der Insel Hvar
war für den Strand eine Gefahr.
Man hätte müssen
die rote Flagge hissen,
es war so unberechenbar.

Tatort   **176**

Ein Mädchen aus Rhodos namens Mimi
liebte so sehr den Tatort-Krimi.
Der spielt meist in weiter Ferne,
ach, wie hätte es doch gerne
mal einen Krimi auf Simi[37].

Alkohol am Lenker   **177**

Ein Mädchen trank auf Samothraki
in froher Runde vier, fünf Raki.
Und wat getz kommt, dat weiß jeder:
Et fuhr mit fuffzig anne Zeder
und hin war die schöne Kawasaki.

Dernier Cri   **178**

Die Griechen nennen Korfu nur Kerkira,
hier gilt der Euro, nicht die Lira.
Für hundertfünfzig von demselben
kauft sich ein Mädchen dort ´nen gelben
Faltenrock aus echt Trevira.

---

[37] Simi ist die Nachbarinsel von Rhodos.

Karrierestart 179

Einem Mädchen auf der Insel Kos
dem fiel das Glück in seinen Schoß.
Es wurde als Novize
beim Chef gleich Vize.
Auch auf Kos ist ohne Moos nix los.

Tote Hose 180

Ein irisches Mädchen auf Aran-Isle,
wollt' die einsame Insel verlassen, weil
außer Möwen und Raben
war hier der Hund – begraben
und das fand es nicht länger affengeil.

Gasplattform 181

Auf der Bohrinsel Leman der Firma Shell
arbeitet ein Mädchen, das ist asexuell.
Und wenn ihm Männer winken,
weiß es, dass die stinken
und - sie passen nicht zu seinem Naturell.

Entwicklungsstufen 182

Ein Mädchen auf der Insel Flores,
das lehrte man zeitig die Mores.
Es blieb lange züchtig,
dann wurde es süchtig
und machte mit den Señores Kokolores.

Vorbeugung 183

Ein Mädchen auf Bougainville
träumt am Strand in der Abendstille.
Die Wellen flüstern,
die Luft ist lüstern,
jetzt ist es Zeit für die Pille.

Schottentracht 184

Ein Mädchen auf der Insel Rhum
war von besonderem schottischen Stamm,
sich nicht lange zierte,
streifte ab das Karierte
und los ging das Folkloreprogramm!

Deutsche Kolonialgeschichte   185

Ein Mädchen auf dem Bismarck-Archipel
baut Kartoffeln an und Kaneel.
Es ist deutschen Blutes,
Das ist für viele was Gutes.
Auf seine Vorfahren sieht es eher scheel.

Moderne Internetwerbung   186

Auf der Insel Krautsand im Elbestrom
arbeitet ein Deern für 'nen Gastronom.
Es liebt dessen Kneipe,
sorgt mit ihrem Link für'n Hype
bei Gästen aus Paris, London und Rom.

Übertriebene Berufserwartung   187

Ein Deern auf der Elbinsel Lühesand
im Restaurant mit vergeblicher Mühe stand.
Es wollt' als Spitzenkoch einen heißen
Sommer lang die Küche schmeißen,
als es nur einen Topf für Brühe fand.

Richtigstellung[38]   188

Man hört nicht auf den Osterinseln
Nonnen in ihrem Kloster winseln.
Auch Kinder bitte nicht belügen,
hierher würden sie ihre Ostereier kriegen,
die Hasen kurz vor Ostern pinseln.

Flausen im Kopf   189

Ein Mädchen auf Chalkidike
hatte plötzlich die kühne Idee:
Ich zieh ins nahe Thessaloniki
allein wegen der dortigen Schickimicki.
Der Plan scheiterte am Blick ins Porte-
                                    monnaie.

Langweiliger Urlaub   190

Ein alter Franzose aus Montpellier
machte Ferien auf Jersey in St. Hélier.
Und weil hier sonst nix war
stand er drei Wochen an der Bar
und starrte auf Busen und Collier.

---

[38] In einer Zeit der Lügenpresse und fake news
nimmt dieser Limerick eindeutig Stellung und
trägt zur Aufklärung bei. Hier kann man über
(Un)Gereimtheiten debattieren.

Schärenschicksal **191**

Ein schwedisches Mädchen auf einer
                    Schäre
bekommt einmal wöchentlich Post mit der
                    Fähre,
sonst lebt es hinter der Hecke, rot[39]
von altem Hering und Knäckebrot.
Nur manchmal träumt es vom Geschlechts-
                    verkähre.

Im Land des Machismo **192**

Ein mexikanisches Mädchen auf Yukatán
die Wolle für Inkastoffe spann.
So bunt die Farben,
es musste darben,
denn es verdiente kaum, war ja kein Mann.

Neufundland **193**

Schon um 1000 wurd sie von Wikingern
                    geschunden,
um 1600 wurd sie dann neu gefunden.
So fragt ein Mädchen sich dort heute:
Stamm ich aus einer Piratenbeute,
2000 von einer Wikingerin entbunden?

---

[39] Wenn ich die Fachbezeichnung „Blutberbe-
ritze" gewählt hätte, hätte erstens der Reim nicht
gestimmt und zweitens hätte dieses Wort
ungewollte Assoziationen hervorgerufen.

194
Klage eines finnischen Inselmädchens

Hailuto liegt im Bottnischen Busen.
An diesem Busen lässt sich kaum
                        schmusen,
weil's hier zu kalt ist.
Erst wenn man sehr alt ist,
kann man so'n Wetter verknusen.

Wertvoller Fund   **195**

Vor langer Zeit in Island
ein Mädchen am Strand ein Gebiss fand.
Es war frohen Muts
wegen des Skorbuts,
dem hält auf Dauer kein Gebiss stand.

Mensch und Bär   **196**

Ein Mädchen auf der Insel Kodiak
hat wie die 3000 Bären den gleichen
                    Geschmack[40].
Es isst Kräuter und Beeren,
und Fisch, wenn sich die Lachse vermehren,
die trägt es nach Hause im Huckepack.

---

[40] Aus Gründen der Korrektheit und Vollständig-
keit sei ergänzt: das Mädchen mag kein Aas.

Missverständnis **197**

Ein Mädchen wollt' nur auf Jan Mayen
einen Mann für's Leben freien.
Hier wären alle Männer forscher[41],
kein einziger so'n morscher...
Ich find: man kann ihm den Irrtum verzeihen.

Fortpflanzungsbesessen **198**

Ein Mädchen auf der Kurischen Nehrung
wollte unbedingt seine Vermehrung.
Es suchte Samenspender
oder gewillte Ausländer
und verweigerte jede Sicherheitsvorkeh-
rung.

Süßes Früchtchen **199**

Ein Mädchen auf den Fidschi
isst für sein Leben gern Litschi,
chinesisch: die Liebesfrucht,
drum hat es die ausgesucht,
doch sie muss fest sein, nicht glitschi.

---

[41] Lt. Wikipedia leben auf Jan Mayen zur Zeit
nur 18 Forscher (Wetter – Klima – Vulkano-
logie)

Enttäuschung 200

Es gehört die Insel Lolland
zu Dänemark, nicht zu Holland.
Du magst dich noch so schinden,
du wirst kein Meisje finden.
Was ich auch nicht so toll fand.

Kannst du pfeifen, Johanna? 201

Ein Mädchen von der Insel Sifnos
ließ einmal einen schrillen Pfiff los.
Der galt einem Mann,
der legte auch bei ihm an.
Dann fuhr es mit ihm im Schiff los.

Erste Adresse 202

Bei der Ankunft auf der Insel Serifos
stürmen manche Männer von der Ferry los,
um ein Mädchen zu suchen,
das sie für eine Nacht buchen.
Gleich am Anfang des Hafens wohnt Mary
Rose.

Grausige Geschichte 203

Auch hier, auf der Pfalz bei Kaub,
einer Rheininsel, mit Verlaub,
haben von der Mitwelt unbeachtet
Burgfräulein nach ihren Rittern ge-
                                    schmachtet.
Längst sind sie zerfallen zu Staub.

Venedigs Judeninsel 204

Ein Mädchen macht die Insel Guidecca
für Feinschmecker zu einem Mekka
der italienischen Küche
und ihrer Gerüche,
denn es kocht einfach nur lecka.[42]

Fürchterliche Ungeheuer 205

Es fürchtete sich einst auf der Insel Tinos
ein Mädchen vor dem König Minos.
Der ließ seinen Minotauros
auf eine Frau los
und sicher hielt er sich auch Dinos.

---

[42] Auch das ist in der Ruhrgebietssprache ein reiner Reim

Eine grst'g Geschichte   **206**
Ein Mädchen von der Insel Krk[43]
stieg einst auf einen hohen Brg,
doch der Felsen brst,
es fiel in den Krst.
das war wohl Teufelswrk.

Russische Geldeintreiber   **207**

Es schwärmte ein Mädchen auf Thassos
von zwei Cowboys mit ihren Lassos.
Doch die hol der Henker!
Die beiden waren Banker
und gesucht wegen fauler Inkassos.

Kindergärtnerin   **208**

Als ein Mädchen auf der Insel Ithaka
deren neue moderne Kita sah,
wär's vor Glück fast gestorben,
hat sich stracks beworben
und war zur Probe schon am Mittag da.

---

[43] Krk ist eine karge Karstinsel in Istrien. Sie ist eigentlich noch karger als karg, also krg. Mithin: sie hat nicht einmal einen Vokal in ihrem Namen, obwohl der – nicht nur im Deutschen – zum Reimen bitter notwendig ist, was nicht nur Dichter wissen. Dieser Limerick fordert also Autor und Zuhörer und ist ein Beleg, dass auch der oft flapsige Limerick zu höchster Askese fähig ist.

Und jetzt: die Kornaten-Seiten:

Folgenschwer　　　　　　209

Ein Mädchen auf den Kornaten[44]
war in andere Umstände geraten.
Nun suchte es für Kurt
gleich nach der Geburt
einen respektierlichen Taufpaten.

Es geht auch anders　　　　210

Ein anderes Mädchen von den Kornaten
war nach Meinung vieler eher züchtig
　　　　　　　　　　　　　geraten.
Eh' dass es nach einem Macker schau,
betrieb es lieber Ackerbau
daheim und züchtete Tomaten.

Oder noch anders　　　　211

Auch ein weiteres Mädchen der Kornaten
griff nicht in die Hose, sondern zum Spaten,
wollte seine alten Eltern ernähren,
seine Verdienste im Himmel mehren
mit seinen wohlgefälligen Taten.

---

[44] Die Inselgruppe der Kornaten zeichnet sich
weder durch die Größe des Archipels (etwa 150
Inseln) noch durch seine Bevölkerung (gerade
einmal über 2000 Einwohner) aus, sondern durch
seine unendlichen Reimmöglichkeiten auf die
Silben „-aten". Sie machen die Insel zur Welt-
Fundgrube für Limericks.

Oder auch so 212

Ein Mädchen auf den Kornaten
fürchtete Segler und andere Piraten.
Drum zog's sich zurück, Schotten dicht,
keine Männer umschwirrten es wie Motten
das Licht.
Es lebte seinen Alltag, den ganz privaten.

Verkehrsfunk 213

Ein Mädchen lebte auf den Kornaten
mit einem Priester, einem zölibaten
– wie ich das sehe –
in wilder Ehe.
Sei's drum. Jetzt ist es verraten.

Doppelpack 214

Es lebten Zwillinge auf den Kornaten.
Als zwei Männer um ihre Hand sie baten,
forderten beide als Mitgift clever
Aktienpakete von Unilever.
Börsenmäßig waren sie da gut beraten.

Hoher Klerus 215

Ein Mädchen von den Kornaten
war gar an einen Bischof geraten.
Damit im Vatikane
niemand was ahne,
kam es zu mancherlei Spagaten.

Verstümmelter Engel 216

Ein musisches Mädchen auf den Kornaten
verhörte sich in einen Kastraten.
Mit seiner hohen Stimme
– und das ist das Schlimme –
sang er fortwährend Kantaten.

Der Botschafter 217

Ein Mädchen erhielt auf den Kornaten
von einem Scheich aus den Golfemiraten
eine Einladung zum Harem
samt Schmuck und Barem,
überreicht von einem hohen Diplomaten.

Jungbrunnen 218

Dasselbe Mädchen von den Kornaten
wurd' am gleichen Tag dem Potentaten
zugeführt vor Mitternacht,
damit's den Alten fitter macht. –
Ja, so treiben sie's in den Erdölstaaten.

Gefährliche Liebschaft 219

Ein Mädchen auf den Kornaten
liebte einen Psychopathen.
Mal war der depressiv,
mal war er explosiv,
dann warf er mit Handgranaten[45].

Innerparteiliches Gemecker 220

Ein Mädchen von den Kornaten
traf sich mit 'nem Sozialdemokraten,
einem späten Juso.
Bei einem Ouzo
lästerten sie über die eigenen Kandidaten.

---

[45] Für ängstliche Leser und weil ich Pazifist bin,
hätte ich diesen Limerick mit der Zusatzzeile
(„aber nur im Garten") von mir aus auch in der
Fußnote entschärft. Aber dann müsste ich auch
wieder den reinen Reim des Ruhrgebietes
benutzen. Deshalb verzichte ich.

Feuerspucker   221

Neugierig war eine feurige Bambina
aus dem sizilianischen Taormina
und flog deshalb hin um zu gucken,
wer konnte gewaltiger Feuer spucken:
der Ätna oder die Drachen aus China?

Lust auf Hybride   222

Ein irisches Mädchen aus Cork
benutzte nur selten eine Fork,
auch keinen Löffel,
schon eher den Göffel,[46]
doch sein Lieblingsbesteck war der Spork[47].

Jungfrauenverehrung   223

Einer korsischen Jungfrau aus Bonifacio
hielt der örtliche Priester eine Laudatio,
er sprach sie fast heilig.
Da hatte sie´s eilig
und floh nach Paris – als ultima ratio.

---

[46] Eine Kombination aus Gabel und Löffel
[47] Eine Kombination aus Gabel, Löffel und Messer

Ahnungslose Männer   224

Ein Mädchen sucht einen Freier in Chioggia,
es steht verdeckt im Schatten seiner Loggia,
beäugt Männer, die sich vor ihm bücken:
wie stark sind die Lenden, wie breit ihr
Rücken?
Die Männer – ahnungslos – spielen Boccia.

Chaos am Königshof   225

Hermione, Tochter des Menelaos
verbreitete zu Hause – typisch Tochter! –
viel Chaos.
Der König wollte nur ihr Bestes,
sie aber unbedingt Orestes.
Der König verbannte sie nach Agios
Nikolaos[48].

Schmerzunempfindlich   226

Eine Jungfrau von der Insel Shakir
besuchte einst einen indischen Fakir,
sah das Nagelbrett mit Schaudern,
wollte deshalb mit ihm plaudern.
Er sagte unbewegt nur „Guten Tag" ihr.

---

[48] Den Ort gab es zu Zeiten des Menelaos noch
nicht, An der Stelle war nur kretisches Brach-
land. Auch ist die Verbannung historisch nicht
gesichert. Sie entspringt eher dem Reimzwang
des Limericks.

Malta criminale   227

Ein Mädchen auf Malta in La Valetta
fuhr voller Stolz eine alte Isetta,
bis diese im Hafenbecken
tat alle Viere von sich strecken
nach einem Schuss aus einer Beretta.[49]

Vorherrschaft   228

Ivanka in Sebastopol
hatte auf der Krim ein Monopol.
Das ließ sie sich auch nicht verkleinern
durch die Ankunft von Ukrainern.
Du kapierst: Es geht um Alkohol.

Wache Schläferin   229

Eine Araberin, eine Ex der Hisbola,
tauchte unter in Murmansk, Halbinsel Kola,
Sie suchte auch unter den Russen
weiter Massen zu beeinflussen.
Drum übten sie dort vereint die La Ola.

---

[49] Die kriminalistische Untersuchung der
maltesischen Policia fand einige Wochen später
auch das Tatmotiv: Vendetta. .

Wertschätzungen   **230**

Eine blonde Kluge aus Reykjavik
lehrt in der Schule Mathe und Physik.
Sie liebt das Essen beim Griechen,
die Atlantikluft zu riechen
und besonders Frederik aus der Fischfabrik.

Voller Erwartung   **231**

Auf dem Inselchen Asinara
wartet ungeduldig Teenie Mara,
dass in einer der Nächte
die Fähre Abwechslung brächte:
ganz gleich ob Tante Clara oder Che
                    Guevara.

Und nun die Scharhörn-Seiten:

Vogelwartin 1   **232**

Eine Vogelwartin auf Scharhörn
ließ sich von einem Englishman betör'n.
Der war ein sexy boy,
sie eher schüchtern und scheu.
Er seufzte: „You have much to learn".

Vogelwartin 2   233

Sie lernte sie kennen bei einem Törn,
die einsame Vogelinsel Scharhörn.
Ein Jahr tat sie sich quälen
mit Müll-Aufsammeln, Beringen und Zählen.
Auch die Küche war öd, meist gab's
                              Möhr'n[50].

Noch eine Vogelwartin   234

Eine andere Vogelwartin auf Scharhörn
konnte durch ihre Stimme betör'n.
Wenn sie sang auf den Deichen,
ließen sich gar Möwen erweichen
und verstummten, sie wollten nicht stör'n.

---

[50] Das Reimwort ist hier mal nicht an den Haaren
herbeigezogen. Jeder Gemüsegärtner weiß:
Möhren sind in diesem Falle das ideale Gemüse.
Möhren lassen sich im Sand (!) für viele Monate
einlagern. Außerdem haben sie besonders viel
Vitamin A. Dessen Mangel schlägt auf das
Sehvermögen zurück, eine Katastrophe für einen
Vogelwart. Und doch ein (sozialer) Tipp: Wenn
Sie als Wattwanderer nach Scharhörn kommen,
sollten sie deshalb für den Vogelwart ein paar
frische belegte Brötchen mitbringen.

Und noch eine   Vogelwartin   235

Es bekam eine Vogelwartin auf Scharhörn
Besuch vom Appenzeller Forscher Björn.
Der züchtete Kängurus[51] mit Schweizer
                                        Kräuteln
artgerecht in ihren Beuteln
in seinem Institut in Melbourne.

---

[51] Warum das Känguru im Schwyzerdütsch nicht
Kchänguru heißt, erkläre ich mir damit, dass das
Känguru (als Lehnwort aus dem fernen Austra-
lien) die zweite (die sog. deutsche) Lautver-
schiebung um 800 nicht mitgemacht hat, etwa im
Gegensatz zum heimischen kchuchekchaschte
(Küchenschrank).
Die sog. Affrikatisierung (k → kch) findet sich
heute nur im Hochalemannischen im Anlaut,
dann allerdings auch in Lehnwörtern, z. B.
kcharibikch für Karibik. Diese Variante wollte
mein Germanistik-Professor Josef Quint in Köln
nicht als Sprache, sondern nur als Kehlkopf-
krankheit durchgehen lassen.
Heute setzt die Schweizer Firma Ricola dieses
Schwyzerdütsch sogar werbetechnisch gezielt
ein, indem sie ihren bekannten Kräuterzucker
(„Wer hat's erfunden? – Die Schweizer) als
„Chräuterchraft" bewirbt. Potentielle Kunden in
der ganzen Welt sollen über diesen Zungenbre-
cher stolpern und ihn nie wieder vergessen, wenn
sie ihn erst einmal aussprechen können.

236
Und die (vorerst) letzte Vogelwartin

Eine dritte Vogelwartin auf Scharhörn
bekam nach zwei Monaten einen Burn-
out von dem Gebrause
um ihre Klause.
Sie konnte auch keine Möwen mehr hör'n.

Machos   **237**

Auf der Insel Filicudi
trafen die Machos Sven und Rudi
in der Hafentrattoria
auf Maria.
Sven: „Ich will se nicht, nimm du die!"

Machos auf ein Neues   **238**

Die deutschen Machos Sven und Rudi
fuhren dann nach Alicudi
Dort blitzten sie bei Anna ab:
„Macht euch besser gleich auf Trab!"
Sven: „Die weiß nich, wat gut is, die
                         Kuh, die."

Sachgerechte Kleidung 239

Ein Mädchen von der Insel Pellworm
trug manchmal eine Uniform
beim Löschen und Klettern
mit den anderen Rettern.
Sonst fand es „dat Tüüg" eher abnorm.

Naturschutzgebiet 240

Ein Mädchen auf der Greifswalder Oie,
das hütet dort Schafe, nicht Säue,
so dass die Insel nicht verbuscht,
nichts Fremdes sich reinpfuscht.
Auch ergötzt es sich an des Boddens Bläue.

Fanglück 241

Ein Mädchen von den Kleinen Antillen
liebt die Songs vom großen Bob Dylan.
Der ist ständig auf Tour,
Nobelpreis für Literatur,
aber es träumt: Er singt nur meinetwillen.

In den Anden   **242**

Ein Mädchen aus dem peruanischen Taquile
das lebt mit seiner Familie
von der Wolle der Alpaka
auf einer Insel im Titicaca
in der Nähe der Grenze zu Chile.

Gastfreundlich   **243**

Es schenkt dir auf der Isla Margerita
ein Lächeln die freundliche Senorita.
Sonst musst du teuer bezahlen
nach überzog'nen Preisskalen,
egal ob Rum, Vino oder Sangrita.

Mangel an Unterhaltung   **244**

Die Inuitmädchen auf den Discoinseln
brauchen nicht um einen DJ zu winseln.
Hier gibt's keine Tanzschuppen,
eher Husten und Schnuppen
und beim Sturz Beulen[52] mit Blutgerinnseln.

---

[52] Das Hauptgestein der Insel ist harter Basalt.

Leckermäulchen 245

Eine Fischerstochter aus Karikari
steht auf neuseeländische Calamari,
frisch aus Vaters Netz
streng nach Fanggesetz.
Alles andere ist nur Larifari.

Flucht 246

Ein Mädchen lebt auf dem Darß
und fühlt sich wie hinter dem Mars:
kein Date, nix Neues,
mal ein Reh, ein scheues.
„Ich will endlich hier raus. Das war's."

An der Tür zu Nordamerika 247

Das Inselchen Miquelon
ist Mitglied der Grande Nation.
Jeanne singt hingebungsvolle
auf dem Place de Gaulle
die Marseillaise und isst „Omelette jambon".

Kap der guten Hoffnung[53]   248

Früher machten an Südafrikas Kap
aus aller Welt Seemänner schlapp.
Sie strandeten hier oder ersoffen.
Das hätten sie jetzt besser getroffen:
Marini schleppt heut' die Touristen ab.

Durchgefallen   249

Eine Kämpferin aus Nordkorea
glaubt, ihr Führer muss in die Reha,
denn mit ausdauerndem Fleiße
macht er immer nur ***,
er hat geistige Diarrhoea.

Friesische Frauen   250

Du kennst nicht zwischen Weser und Jade
das Land Butjadingen? – Schade!
Hier schippern die Männer mit ihrem Ewer,
des Abends trinken sie fassweise Jever
und erst die Frauen: wie Sheherazade.

---

[53] In der Schlusszeile zeigt sich, wie weise sich -
oft erst spät – die Namensgebung erweist.

Pudding – Pizza – Protz 251

Als Brit im Oetker Resort Frégate
die Stelle als Zimmermädchen antrat,
da merkte es gleich:
Der ist unheimlich reich,
der Backzutaten-Magnat[54].

Dreifaltigkeit oder irischer Hattrick 252

Ein rothaariges Mädchen aus Limerick
ist so ein richtiger Galgenstrick:
Für seinen Hattrick
genügt nicht Patrick,
es fi... auch Frederic und Cedric.

Seetüchtig 253

Das irische Mädchen Daisy Mary
fährt jede Woche mit der Ferry
- von Dublin cool -
nach Liverpool
und zurück. Es wohnt in Tipperary.

---

[54] Die Oetker Collection (aus der Dr. Oetker-
Gruppe) betreibt auf der ganzen Welt allererste
Luxushotels, so auch auf den Seychellen.

Angsthäschen   254

Ein Mädchen auf der Isla Cristina
geht nie ins Meer, nur in die Piscina.
Im Meer fürchtet es allerlei:
Taucher und den weißen Hai.
Im Bad holt es sich Streptokokken-Angina.

Neues von Twitter   255

Ein Mädchen verliebte durch Twitter
sich unsterblich in einen Zwitter.
Doch hier auf Sizilien
ging's nur um Familien-
planung, seine Pflicht. Das war bitter.

Emanzipation   256

Die Sizilianerin aus Palermo
las regelmäßig offizielle Thermo-
meter ab in drei Wetterzentralen.
Den Job ließ sie sich gut bezahlen.
Der Rest des Tages galt Luigi, ihrem
                              Hermo[55].

---

[55] So nannte sie zärtlich Luigi, ihren Herma-
phroditen.

Alles für die Musik   **257**

Ein menorcinisches Mädchen aus Mahón
machte Percussion mit seiner Cajón,
bekam vom Trommelspielen
raue Hände und Schwielen,
doch beim Üben kannte es kein Pardon.

Tolles vom Atoll   **258**

Ein Mädchen auf der Insel Pukapuka
kennt die Bananen nicht von Onkel Tuca,
auch Bajella und Chiquita
fehlen in seiner Vita,
jedoch nicht der italienische Sambuca[56].

Hüttenzauber   **259**

Ein Mädchen – gelobt in aller Munde –
steht am Fenster seiner Hütte auf Runde,
legt das Kissen zurecht zum Schmusen,
ordnet den prachtvollen Busen.
Da klingelt's. Es kommt der nächste Kunde.

---

[56] Unsere Polynesierin ist a) volljährig und b)
beileibe keine Trinkerin. Sie liebt am Sambuca
die angekokelte Kaffeebohne.

Hohe Kunst 260

Ein Maori-Mädchen von der Insel Cavalli
liebte die Ruhe, kein Halligalli.
An der Staffelei,
mal bedeckt, mal frei,
malte es aus dem Gedächtnis Phalli.

Im Biosphärenreservat 261

Ein Mädchen auf der Insel Molène
fühlt sich nicht wohl dort, es fehlt das
                                    Mondäne.
Leerer wird es in den Gassen,
weil Leute die Insel verlassen.
Jetzt will es auch nach Paris an der Seine.

Wie man sich bettet 262

Ein Reisender suchte ein Bett
für seinen Urlaub auf Mljet.
Das hat er auch gefunden
für glückliche Stunden
bei der zärtlichen Kroatin Anet.

Haustier   **263**

Eine Schöne auf Great Abaco
hielt sich einen putzigen Gecko.
Zu ihrem Entzücken
fing er nachts noch Mücken.
Er bekam als Belohnung Prosecco.

Ein Deutscher in der Schweiz   **264**

Die beiden Inseln von Brissago
liegen im berühmten Schweizer Lago[57].
Max ließ nackte Frauchen
dort nach Münzen tauchen.
Er brauchte das wohl für sein Imago.

Im Vorfeld der Tragödien   **265**

Ein Mädchen auf der eisigen Insel Baffin
liebte seit Jahren schon seine Chefin.
Auf der Entbindungsstation
gab's keine männliche Person.
Dann kam der junge Gynäkologe Kevin[58]

---

[57] Lago Maggiore. Die größere Insel (San Pancracio) kaufte 1927 der Hamburger Warenhausmillionär Max Emden. Den bestehenden Pavillon ließ er sprengen und eine Villa mit römischem Bad errichten für seine perversen Gelüste. Heutiger Besitzer der Insel ist der Kanton Tessin.

High Fidelity   **266**

In einer Zigeunerband in Havanna
spielte ein Mädchen die Tympana,
bis die Finger schmerzten.
Sie hielt nichts von Ärzten
und rauchte lieber Marihuana.

Schlossadel   **267**

Bei der Köpenicker Schlossinsel in der
                                  Dahme
gehe ich wohl recht in der Annahme,
dass sich hier Fräuleins tummelten
und durch die Orangerien bummelten.
Es begleitete sie eine Zofe, eine
                         schweigsame.

Tapfere Helden   **268**

Den Wilhelmstein im Steinhuder Meer,
eine künstliche Insel fürs Militär,
durften Frauen nicht nutzen,
nur dort waschen und putzen,
denn das fiel den Kämpfern zu schwer.

---

[58] Hier endet der Limerick. Jetzt können die
Seifenopern und Ärzteserien des Abend-
vorprogramms beginnen.

Er ist's   269

Ein Mädchen auf der Insel Harriersand
blickte bang über die Weser zum festen
                                        Land,
ob er denn wäre
auf der Fähre.
Dann sah sie ihn winken, ihren Ferdinand.

Kloster Sweta Anastasia   270

Als EON schluckte die Essener Ruhrgas,
setzte sich eine Sekretärin ab nach Burgas.
Statt alles durchzuboxen,
suchte sie in einem orthodoxen
Kloster Ruhe und hat seitdem nur Spaß.

Multitasking   271

Ein Thaimädchen auf Koh Kut
machte seine Aufgabe echt gut,
es streute Blüten vor die Braut
und hat dabei noch ausgeschaut:
Wen krieg' ich in zwei Jahren unter'n Hut?

Black Beauty   **272**

Eine Madagassin der Hauptstadt
                Tananarive
startet jeden Morgen eine Charmeoffensive:
Sie hat bunte Bänder in ihr Haar gebunden,
die verkauft sie dann an ihre Kunden.
Das gibt ihr eine Überlebensperspektive.

Grenzen der Gynäkologie   **273**

Es entstieg an Kytheras Ufersaum
Aphrodite einst dem Meeresschaum.
Sie in der Welt bewundert wurd':
Es war die erste Schaumgeburt.
Für manche Schwangere noch heut ein
                Traum.

Fremdenverkehr   **274**

Ein Ruhrpottler kriegte auf Astypaleia
eine schöne Griechin in seine Heia.
Die wollte nur vermieten,
keinen Roomservice bieten.
Aber nun war's zu spät. Au weia!

Königliche Absage 275

Es wollte das Alpenmädel Kathrein
unbedingt zum König von Bahrain.
Es wollt' für ihn jodeln[59]
oder mit ihm rodeln[60].
Er weigerte sich. Das fand es gemein.

Sternenkunde 276

Eine junge Mutter zeigt auf der Insel Capraia
der kleinen Tochter abends die Kassiopeia
in all dem Gewimmel
am Sternenhimmel.
Dann gibt's den Nachtkuss und Eiapopeia.

---

[59] Die Alternative hatte es sich überlegt für den
Fall, dass der Sunnit Hamad bin Isa Al Chalefa
nicht auf Jodeln steht. Dabei gibt es das Singen
mit Zungenschlag auch im arabischen Raum: das
Zaghrouda.
[60] Auch „rodeln" ist hier kein bloßer Reim-
zwang. Im benachbarten Dubai besitzt die Ein-
kaufsmeile „Mall of Emirates" eine 400 m lange
Rodelbahn, wo bei Außentemperaturen von über
40° C Kathrein mit dem König hätte rodeln
können.

Örtliche Vorzüge 277

Auf der Halbinsel Neuschottland liegt
Halifax.
Eine junge Kanadierin wohnt hier zwecks
des jugendlichen Drives,
des städtischen Highlifes
und – zugegeben – gibt's auch besseren
Sex.

Vorsicht geboten 278

Es lebt auf der Isle of Man
die Freistilringerin Anne.
Bei wem die zugreift,
aus dem letzten Loch pfeift.
Ihr Motto: Catch as catch can.

Zu dritt 279

Es lebte auf Bornholm in Rønne
– nicht dass ihr das nicht gønne –
eine Dänin mit zwei Schweden.
Sie liebt nun einmal jeden.
Ich solchem Trio nichts abgewønne.

Abzählverse **280**

Ein Vater auf Hawaii
hatte an schönen Töchtern drei.
Eine tat sich verloben,
er konnt' noch so toben,
jetzt waren's nur noch zwei.

281

Von zwei Töchtern auf Hawaii,
liebte eine Pulver und Blei.
Sie fragte sich: „Ey, wie
ist's wohl bei der Navy?"
Der Vater erhob ein Geschrei.

282

Eine Tochter in Hawaii
fand, dass sie verstoßen sei.
Sie trat kurz vor Oster
in ein Nonnenkloster.
Der Vater stand ratlos dabei.

Aus dunklen Vorzeiten **283**

Eine Zauberin auf der Insel Rab
konnte einst mit ihrem Zauberstab
und ihrem ruchlosen Handeln
Männer in Krüppel verwandeln[61].
Die brauchten dann Hilfe vom Äskulap.

Ererbte Ruine **284**

Ein Mädchen auf der Insel Kap Clear
sehnte sich nach einem britischen Peer,
mit dem es an ihrem Castle
gemeinsam bastle
und es schließlich ganz renovier.

---

[61] Bis heute sind die meist plötzlich auftretenden
Schmerzen unerklärlich. Kein Patient fühlt sich
verstanden, wenn er weiß, dass er ein Lenden-
wirbelsäulensyndrom hat. Beim „Hexenschuss"
des Mittelalters ist die Erklärung eindeutiger.
Auch die dann folgenden „Zipperlein", die den
anschließenden Gang des Patienten (das nur noch
„Trippeln") lautmalend beschreiben, sind ver-
ständlich. Schamvoll hat der Volksmund nicht
das Diminutiv„Tripperlein" in den Mund
genommen. – Auch die verwandte „Gicht" mit
ähnlichen Beschwerden ist eine angesprochene,
angehexte Krankheit. Das althochdeutsche Verb
„jehan" (= sprechen) ist verlorengegangen und
nur noch in einem weiteren Wort, der „Beichte"
enthalten. Die Gicht und die Beichte sind also
(sprachlich) eng miteinander verwandt.

Gästeankunft 285

Es hat die Kroatin Anuscha
eine kleine Pension auf Palagruža.
Als Gäste klingelten,
das Haus umzingelten,
rief sie: „Moment, ich steh' unter der
                              Duscha."

Eigener Stil 286

Es lebte auf der Insel Mayotte
eine Französin, eine ziemlich flotte.
Sie trug ihre Dessous
nur in der Farbe des Schuhs.
Dies Jahr in der Modefarbe „Karotte".

Auswandererschicksal 287

Eine Berlinerin wanderte aus nach Nias.
Kaum angekommen, schaute sie nur Dias
von Spandau, Weißensee,
von Wannsee, Havel und Spree.
Im Radio suchte sie nach dem RIAS[62].

---

[62] Sie hatte gehofft, der Sender RIAS würde
wenigstens noch im Ausland senden.

Mireille 288

Es gab der französische Spatz
ein Konzert auf der Ile de Batz.
Und – keine Witze –
nur 100 Sitze.
Die war'n gleich weg, ratzfatz.

Fußballbegeisterung 289

Ein Mädchen aus Teneriffa
war noch schöner als Claudia Schiffa,
gab nichts um seinen Reiz,
und fuhr in die Schweiz
und arbeitete bei der Fifa.

Angeheitert 290

Ein Mädchen von der Insel Sumba
ist bekannt für seinen heißen Lumumba:
Kakao mit Streuseln,
Schuss Rum zum Besäuseln.
Am Ende tanzen alle nur noch Rumba.

Militärposse **291**

Eine alte Marokkanerin auf Perejil[63],
und das war der spanischen Regierung zu
viel,
bekochte beiderlei Soldaten,
die Dienst dort taten.
Man unterstellte Marokko eine Annexion als
Ziel.

Im Mittelalter **292**

Ein Mädchen von der Insel Oléron
hatte ein Herz hart wie Beton.
Mann versuchte mit Minnen
seine Gunst zu gewinnen,
doch es blieb entrückt auf dem Balkon.

---

[63] Perejil (Petersilieninsel) liegt in der Straße von
Gibraltar. Die meisten Menschen – auch Spanier
– wussten gar nicht um die Existenz dieser Insel.
Rajma Lachili, eine Marokkanerin hatte jahr-
zehntelang ihre Ziegen auf die Insel geschickt
und den wachhabenden Soldaten beider Couleur
Essen mitgebracht. Als die Kriegsposse 2002
losbrach, schickte Spanien 6 Kriegsschiffe und 2
U-Boote zu dem Ziegenfelsen. Happyend: Man
einigte sich noch im selben Jahr, ohne dass auch
nur ein Schuss gefallen war.

293
Perverses von den Inseln über dem Winde

Ein Mädchen auf den Grenadinen
stand meistens hinter den Gardinen,
hielt Ausschau nach Opfern,
um sie auszustopfern
und sich dann ihrer zu bedienen.

Einsamkeit **294**

Ein Mädchen von Kap Hoorn
war schön von hinten und vorn.
Doch es gab wenig Verkehr,
überall war nur Meer.
Es fühlte sich ziemlich verlorn.

Und das schreckliche Rügenende:

Festnahme in Viamala[64]   295

Ein Mädchen, ein Querkopf der Insel Rügen,
wollte sich daheim partout nicht fügen.
Schließlich ist es verschwunden
und wer hat's gefunden?
Die Schwyzer Kantonspolizei in Splügen.

Beinahe suchtfrei   296

Bei einem Mädchen auf der Insel Rügen
gehörte zu seinen Vorzügen,
dass es nicht rauchte
und Drogen nicht brauchte.
Nur heimisches Bier aus Krügen.

Traumprinz   297

Wo steckt mein Traumprinz
auf Rügen? In Saßnitz, in Binz?
Eine Insulanerin, die nach Höherem strebte,
eine Enttäuschung nach der anderen
                      erlebte:
Hier gab es nur Kunz und Hinz.

---

[64] Typisch schwyzerischer Zugriff auf eine
Deutsche, die auf dem „schlechten Weg" ist.

Bauer sucht Frau   **298**

Eine Schöne becircte einen Bauern auf
                                    Rügen:
„Du kannst über meinen Körper verfügen."
Doch dem war sie schnurz,
er betrachtete sie kurz:
„Na gut, dann hilf mir beim Pflügen."

Schöne Aussicht   **299**
(Caspar David Friedrich gewidmet)

Ein unglückliches Mädchen aus Rügen
ließ sich schon seit Jahren betrügen.
Von der Kreidefelskante
ein Schubs ihn entmannte.
Nun war auch endlich Schluss mit den
                                    Lügen.

Geiz ist geil   **300**

Eine geizige Frau auf Rügen,
die lag in den letzten Zügen,
sprach in die Totenstille:
„Dies ist mein letzter Wille:
Beim Leichenschmaus soll'n fünf
                                genügen."

Personenverzeichnis

Goethe, Johann Wolfgang von, 1749 – **103**
1832, deutscher Dichter, hat
nicht geahnt, dass in vielen nach ihm
benannten Schulen (z.B. im Goethegym-
nasium im brandenbugischen Nauen, so
2005) rechtsextreme Umtriebe herrschen.

Hermione, Tochter des Königs Mene- **222**
laos, seit J.K. Rowling und
Harry Potter ist die mythische Gestalt von
sekundärer Bedeutung, alle reden nur von
Hermine Granger

Hitler, Adolf, 1889 – 1945, Reichskanz- **118**
ler des deutschen Reiches und
Diktator

Hummels, Mats Julian, geb. 1988, **161**
Weltmeister mit der deutschen
Fußball-Nationalmannschaft

Kain 1. Sohn Adam und Evas, s. Abel **81**

König von Bahrain, seit 2002: **271**
Hamad bin Isa Al Chalifa,
geb. 1950

Kolumbus, Christoph, 1451 – 1506, **104**
entdeckte auf der Suche eines
Seeweges nach China unbewusst Amerika

Lindenberg, Udo, geb. 1946, deut- **41**
scher Altrocker, trinkt und malt
mit Eierlikör, lebt im Hotel in Hamburg

Löns, Hermann, 1866 – 1914, deut-   **33**
scher Journalist und Schrift-
steller, Heidedichter, einer der ersten der
Ökobewegung, aber auch der Blut- und
Bodenromantik

Mao-tse-tung, 1893 – 1976, führender   **134**
Politiker der Volksrepublik
China, wird noch heute verehrt, Medien-
ikone

Marquis Posa, in Schillers Drama   **183**
„Don Karlos" dessen Jugend-
freund

Matthieu Mirelle,   Chansonsängerin   **285**
Spatz von Avignon

Menelaos, König von Sparta, sein   **222**
Nachfolger wurde Orestes

Minos, Sohn des Zeus und der Euro-   **202**
pa, König von Kreta. Anders
als unser Mädchen aus Tinos befürchtete,
sperrte er sogar den Minotauros ein, bis er
von Theseus später erlegt wurde.

Oetker, Dr. August gründete 1891 in   **243**
Bielefeld einen der größten
international tätigen deutschen Familien-
konzerne, Branchen: Nahrungsmittel, Ge-
tränke, Schiffahrt, Finanzwesen, Hotelge-
werbe, Karrierestart mit Backpulver, das er
für Privathaushalte in kleinere Portionen
(Backin) abfüllt.

Orest siehe Menelaos S. 132

Pflaume, Kai, geb. 1967 in Halle, **14**
deutscher Fernsehmoderator,
ist im Limerick aber gar nicht gemeint

Presley, Elvis, 1935 – 1977, King of **108**
Rock 'n Roll, kultivierte die
Schmalztolle der 50er Jahre

Putin, Wladimir, geb. 1952, seit 2000 **87**
Präsident der Russischen
Föderation

Schiffer, Claudia, geb. 1970 in Rhein- **286**
berg, deutsches Model und
Schauspielerin

Schiller, Friedrich von, 1759 – 1805, **133**
deutscher Dichter, Philosoph
und Historiker

Sheherazade, schöne und kluge Kö- **247**
nigstochter aus der persischen
Geschichte von „Tausendundeiner Nacht"

Spinoza, Baruche de, 1632 – 1677, **133**
niederländischer Philosoph,
Sohn portugiesischer Immigranten

Storm, Theodor, 1817 – 1888, Jurist **23**
und Dichter norddeutscher
Prägung

Inhaltsverzeichnis (alphabetisch) der Inseln

Name	Staat	Gewässer	Typ	Einwohner
Aleuten	USA	Nordpazifik	Inselkette	8 000
Alicudi	Italien	Mittelmeer	Inselgruppe	100
Ameland	Niederlande	Nordsee	-	3 620
Amiranten	Seychellen	Ind. Ozean	Inselgruppe	100
Amrum	Deutschland	Nordsee	-	1 250
Antillen, Kleine	mehrere	Karibik	Inselgruppe	3 Mio.
Aran-Isle	Großbritannien	Firth of Clyde	-	5 000
Aruba	Aruba	Karibik	-	110 000
Ascension	Großbritannien	Südatlantik	Vulkaninsel	800
Asinara	Italien	Mittelmeer	-	keine Angaben
Astypaleia	Griechenland	Mittelmeer	-	1 300

Athos	Mönchsrepublik	Mittelmeer	Halbinsel	2 300
Azoren	Portugal	Atlantik	Inselgruppe	250 000
Baffin	Kanada	Atlantik	-	12 000
Bahamas	Bahamas	Atlantik	Inselgruppe	380 000
Bahrain	Bahrain	Pers. Golf	-	1,2 Mio.
Bali	Indonesien	Ind. Ozean	-	4 Mio.
Baltrum	Deutschland	Nordsee	-	500
Batz	Frankreich	Atlantik	-	160
Bermuda	Großbritannien	Atlantik	-	65 000
Bismarck-Arch.	Papua-Neuguinea	Pazifik	Inselgruppe	472 000
Bora-Bora	Frankreich	Südpazifik	Atoll	9 000
Borkum	Deutschland	Nordsee	-	5 300
Borneo	Indon./Malaysia	Pazifik	-	19 Mio.

Bornholm	Dänemark	Ostsee	–	40 000
Brač	Kroatien	Mittelmeer	–	14 500
Brehm	Deutschland	Ruhr	Flussinsel	keine
Brioni	Kroatien	Mittelmeer	Inselgruppe	keine
Brissago	Schweiz	Lago Magg.	Binneninsel	keine Angabe
Butjadingen	Deutschland	Weser/Jade	Halbinsel	keine Angabe
Capraia	Italien	Mittelmeer	–	410
Cavalli	Neuseeland	Pazifik	–	keine Angabe
Cayman	Großbritannien	Karibik	Inselgruppe	50 000
Chalkidike	Griechenland	Mittelmeer	Halbinsel	106 000
Chioggia	Italien	Adria	–	50 000
Curaçao	Niederlande	Karibik	–	150 000
Darß	Deutschland	Ostsee	Halbinsel	keine Angabe

135

Discoinseln	Grönland	Baffin-Bay	-	900
Djerba	Tunesien	Mittelmeer	-	120 000
Elba	Italien	Mittelmeer	-	32 000
El Hierro	Spanien	Atlantik	Kanaren	10 000
Färöer	Färöer	Nordatlantik	Inselgruppe	50 000
Fehmarn	Deutschland	Ostsee	-	12 400
Feuerland	Argentinien/ Chile	Paz./Atlantik	Inselgruppe	140 000
Fidschi	Fidschi	Pazifik	Inselgruppe	900 000
Filicudi	Italien	Mittelmeer	Inselgruppe	235
Föhr	Deutschland	Nordsee	-	8 500
Formentera	Spanien	Mittelmeer	Balearen	11 500
Frauenwörth	Deutschland	Chiemsee	Binneninsel	300
Frégate	Seychellen	Ind. Ozean	Privatinsel	keine Angabe

Fünen	Dänemark	Ostsee	–	460 000
Fuerteventura	Spanien	Atlantik	Kanaren	100 000
Galapagos	Ecuador	Ostpazifik	Inselgruppe	25 000
Giudecca	Italien	Mittelmeer	Teil Venedig	6 500
Gomera	Spanien	Atlantik	Kanaren	22 000
Gorgona	Italien	Mittelmeer	–	300
Gotland	Schweden	Ostsee	–	60 000
Gozo	Malta	Mittelmeer	–	31 000
Grado	Italien	Mittelmeer	–	8 000
Gran Canaria	Spanien	Atlantik	Kanaren	850 000
Great Abaco	Bahamas	Atlantik	Inselgruppe	17 000
Greifswald Oie	Deutschland	Ostsee	–	keine Angabe
Grenadinen	Grenada	Karibik/Atl.	Inselgruppe	17 000

Ibiza	Spanien	Mittelmeer	Balearen	135 000
Ile de la Cité	Frankreich	Seine	Flussinsel	1 200
Ile de Ré	Frankreich	Atlantik	–	15 000
Ile d'Yeu	Frankreich	Atlantik	–	5 000
Iles d'Hyères	Frankreich	Mittelmeer	–	keine Angabe
Irland	Irland	Atlantik	–	5 Mio.
Isla Cristina	Spanien	Atlantik	–	21 000
Isla Margerita	Venezuela	Karibik	–	440 000
Island	Island	Nordatlantik	–	331 000
Isle of Man	Großbritannien	Atlantik	–	85 000
Isle of Wight	Großbritannien	Ärmelkanal	–	140 000
Ithaka	Griechenland	Mittelmeer	–	5 300
Jamaika	Jamaika	Karibik	–	2,8 Mio.

Jan Mayen	Norwegen	Nordmeer	-	18
Java	Indonesien	Ind. Ozean	-	140 Mio.
Jersey	Großbritannien	Ärmelkanal	-	33 500
Juist	Deutschland	Nordsee	-	1 700
Jungferninseln	Großbrit. + USA	Karibik/Atl.	Inselgruppe	140 000
Kamtschatka	Russland	Nordpazifik	Halbinsel	380 000
Kanaren	Spanien	Atlantik	Inselgruppe	2 Mio.
Kap Clear	Irland	Atlantik	-	120
Kap g. Hoffnung	Südafrika	Atlantik	Halbinsel	keine Angabe
Kap Hoorn	Chile	Paz./Atlantik	-	5 Mio.
Kapverden	Kap Verde	Atlantik	Inselgruppe	500 000
Karikari	Neuseeland	Pazifik	Halbinsel	keine Angabe
Karolinen	Mikronesien	Pazifik	Inselgruppe	130 000

Karpathos	Griechenland	Mittelmeer	-	6 500
Katar	Katar (Emirat)	Pers. Golf	-	2,2 Mio.
Kerguelen	Frankreich	Ind. Ozean	Inselgruppe	60
Kerkira (Korfu)	Griechenland	Mittelmeer	-	100 000
Kodiak	USA	Nordpazifik	Inselgruppe	13 500
Köpen. Schloss	Deutschland	Dahme	Flussinsel	keine Angabe
Kola	Russland	Weißes Meer	Halbinsel	keine Angabe
Koh Kut	Thailand	Golf v. Siam	-	2 000
Komoren	Komoren	Ind. Ozean	Inselgruppe	790 000
Kornaten	Kroatien	Adria	Inselgruppe	2 000
Korsika	Frankreich	Mittelmeer	-	320 000
Kos	Griechenland	Mittelmeer	-	33 000
Krautsand	Deutschland	Elbe	Flussinsel	12 000

Kreta	Griechenland	Mittelmeer	-	620 000
Krk	Kroatien	Adria	-	18 000
Krim	Ukraine	Schwarzes	Halbinsel	2,3 Mio.
Kuba	Kuba	Karibik	-	11,2 Mio.
Kurilen	Russland	Pazifik	Inselgruppe	18 700
Kurische Nehrung	Litauen/Russland	Ostsee	Halbinsel	keine Angabe
Kykladen	Griechenland	Mittelmeer	Inselgruppe	100 000
Kythera	Griechenland	Mittelmeer	-	4 000
Lakkadiven	Indien	Ind. Ozean	Inselgruppe	32 000
La Maddalena	Italien	Mittelmeer	-	12 000
Langeneß	Deutschland	Nordsee	Hallig	130
Langeoog	Deutschland	Nordsee	-	1 800
Lanzarote	Spanien	Atlantik	Kanaren	140 000

141

La Palma	Spanien	Atlantik	Kanaren	85 000
Leman	Großbritannien	Nordsee	Bohrinsel	wechselnd
Lido Venedig	Italien	Adria	Nehrung	17 300
Lindau	Deutschland	Bodensee	Binneninsel	25 000
Lindwerder	Deutschland	Tegeler See	Binneninsel	keine Angabe
Lipari	Italien	Mittelmeer	Inselgruppe	14 000
Lofoten	Norwegen	Eur. Nordmeer	Inselgruppe	24 000
Lühesand	Deutschland	Elbe	Flussinsel	keine Angabe
Madagaskar	Madagaskar	Ind. Ozean	-	23 Mio.
Madeira	Portugal	Atlantik	Inselgruppe	270 000
Mainau	Deutschland	Bodensee	Binneninsel	185
Malakka	Malaysia	Ind. Ozean	Halbinsel	370 000
Malediven	Malediven	Ind. Ozean	Inselgruppe	344 000

Mallorca	Spanien	Mittelmeer	Balearen	900 000
Malta	Malta	Mittelmeer	Inselgruppe	430 000
Man	Großbritannien	Irische See	-	85 000
Manhattan	USA	Hudson	Inselgruppe	1,5 Mio.
Marianen	USA Außengebiet	Pazifik	Inselgruppe	850 000
Marken	Niederlande	Ijsselmeer	ehem. Insel	keine Angabe
Martinique	Frankreich	Karibik	-	390 000
Mayotte	Frankreich	Ind. Ozean	Inselgruppe	210 000
Menorca	Spanien	Mittelmeer	Balearen	95 000
Milos	Griechenland	Mittelmeer	-	5 000
Mindanao	Philippinen	Westpazifik	-	22 000
Miquelon	Frankreich	Atlantik	-	12 000
Mljet	Kroatien	Mittelmeer	-	1 100

Molène	Frankreich	Atlantik	-	150
Molukken	Indonesien	Westpazifik	Inselgruppe	2,1 Mio.
Mont- St.- Michel	Frankreich	Ärmelkanal	-	40
Mururoa	Frankreich	Südpazifik	Atoll	(noch) keine
Naxos	Griechenland	Mittelmeer	-	18 000
Neufundland	Kanada	Atlantik	Halbinsel	480 000
Neuschottland	Kanada	Atlantik	Halbinsel	1 Mio.
Neuwerk	Deutschland	Elbmündung	-	44
Nias	Indonesien	Ind. Ozean	Vulkaninsel	650 000
Nonnenwerth	Deutschland	Rhein	Flussinsel	70
Norderney	Deutschland	Nordsee	-	6 000
Nordstrandisch-moor	Deutschland	Nordsee	Hallig	18

Nordkorea	Nordkorea	Japan. Meer	Halbinsel	25 Mio.
Nordzypern	Nordzypern (?)	Mittelmeer	-	14 000
Orkney	Großbritannien	Atlantik	Inselgruppe	20 000
Oléron	Frankreich	Atlantik	-	22 000
Osterinseln	Chile	Südostpazifik	Inselgruppe	5 800
Pag	Kroatien	Mittelmeer	-	8 400
Palagruža	Kroatien	Mittelmeer	-	keine Angabe
Papua-Neuguinea	Papua-N.	Pazifik	Inselgruppe	7,5 Mio.
Peljesac	Kroatien	Mittelmeer	Halbinsel	keine Angabe
Pellestrina	Italien	Mittelmeer	-	4 500
Pellworm	Deutschland	Nordsee	-	1 500
Perejil	Marokko (?)	Mittelmeer	-	keine
Pfalz bei Kaub	Deutschland	Rhein	Flussinsel	keine

Pianosa	Italien	Mittelmeer	-	10
Rab	Kroatien	Mittelmeer	-	10 000
Reichenau	Deutschland	Bodensee	Binneninsel	5 120
Rhum	Großbritannien	Atlantik	-	22
Röm	Dänemark	Nordsee	-	600
Rügen	Deutschland	Ostsee	-	77 000
Sachalin	Russland	Pazifik	-	580 000
Salomonen	Salomonen	Südsee	Inselgruppe	622 500
Samoa	Samoa	Südwestpazifik	Inselgruppe	188 000
Samothraki	Griechenland	Mittelmeer	-	5 000
Santo Domingo	Dominik. Republik	Karibik	-	3 Mio.
Sansibar	Tansania	Ind. Ozean	Inselgruppe	1,2 Mio.
Santorin	Griechenland	Mittelmeer	-	17 500

Sao Tomé	Sao Tomé e Principe	Atlantik	Inselgruppe	185 000
Sardinien	Italien	Mittelmeer	-	1,7 Mio
Schären	Schweden	Ostsee	Inselgruppe	keine Angabe
Scharhörn	Deutschland	Nordsee	Vogelinsel	1
Schiermonnikoog	Niederlande	Nordsee	-	900
Scilly	Großbritannien	Atlantik	Inselgruppe	2 100
Serifos	Griechenland	Mittelmeer	-	1 500
Seychellen	Seychellen	Ind. Ozean	Inselgruppe	94 000
Shakir	Ägypten	Rotes Meer	-	keine Angabe
Skye	Großbritannien	Atlantik	-	9 200
Sifnos	Griechenland	Mittelmeer	-	2 600
Sizilien	Italien	Mittelmeer	-	5 Mio.
Spiekeroog	Deutschland	Nordsee	-	790

Spitzbergen	Norwegen	Eur. Nordmeer	Inselgruppe	2 660
Sporaden	Griechenland	Mittelmeer	Inselgruppe	keine Angabe
Sri Lanka	Sri Lanka	Ind. Ozean	-	22 Mio.
St. Helena	Großbritannie	Südatlantik	Inselgruppe	4 500
Sulawesi	Indonesien	Pazifik	-	17,4 Mio
Sumba	Indonesien	Ind. Ozean	-	610 000
Sw. Anastasia	Bulgarien	Schwarzmeer	-	keine Angabe
Sylt	Deutschland	Nordsee	-	17 700
- Kampen				460
- Keitum				keine Angabe
- List				1 530
- Rantum				560
- Westerland				9 100

Tahiti	Frankreich	Südpazifik	-	190 000
Tasmanien	Australien	Ind. Ozean	-	515 000
Teneriffa	Spanien	Atlantik	-	1 Mio.
Terschelling	Niederlande	Nordsee	-	4 800
Texel	Niederlande	Nordsee	-	13 600
Thassos	Griechenland	Mittelmeer	-	14 000
Thule	???	Nordatlantik ?	Mythos	???
Tremiti	Italien	Mittelmeer	Inselgruppe	500
Trischen	Deutschland	Nordsee	Vogelinsel	keine
Usedom	Deutschland	Ostsee	-	76 500
Vesterålen	Norwegen	Eur. Nordmeer	Inselgruppe	33 500
Vlieland	Niederlande	Nordsee	-	1 100
	Italien	Mittelmeer	-	700

Wangerooge	Deutschland	Nordsee	-	1 300
Wrangel	Russland	Arktische See	Halbinsel	2 400
Yucatàn	Mexico (Ostteil)	Karibik	Halbinsel	keine Angabe
Zakynthos	Griechenland	Mittelmeer	-	41 000
Zingst	Deutschland	Ostsee	Halbinsel	keine Angabe

Auswahl weiterer Literatur
von Hans Buring

Die Kettwichte – Essen, Klartext-Verlag 1999, 368 S., vergriffen

Jacko, der Rabe – Frankfurt, Frankfurter Literaturverlag, 135 S., 11. Aufl. 2012

Heiter. Roman eines Herzinfarktes - Norderstedt, BoD, 236 S., 2003

Die Lotterköppe – Jugendroman, edition nove, Neckenmarkt (A), 120 S., 2007

Die Sudokuh – Satiren-Anthologie, BoD, 231 S., 2009

In der edition eres in Lilienthal b. Bremen sind folgende Musicals bzw. Singspiele für Schüler erschienen:

Ferdinand, der Stier – nach der Erzählung von Munroe Leaf

Die Maus in der Schule – ein Singspiel für die Anfangsklassen (Erstleseunterricht)

Des Kaisers neue Kleider – das berühmte Märchen Andersens erfrischend neu erzählt

Wie man Bananen krümmt – ein politisch-satirisches Gegenwartsstück